U0568846

驾驭独角兽

新经济企业的公司治理

郑志刚 著

中国人民大学出版社
·北京·

推荐序：管理理念升维
为独角兽佩戴缰绳

毛大庆
优客工场创始人

近年来，独角兽的概念在全球越炒越热，甚至已经成为衡量一家公司发展水平的重要指标。如何管理一家独角兽企业，已经成为非常重要的商业命题。

从新经济独角兽的核心特征说起

过去的一年，虽然在疫情的影响下，全球经济遭受重创，但中国资本市场依然非常活跃，256 家企业达到了独角兽企业的水平。这其中，既有估值超高、在本领域拥有巨大优势的准上市巨头级企业，如蚂蚁集团、字节跳动、阿里云、滴滴出行、大疆，也有最近一年在市场上风生水起、获得资本高度关注的风口领域企业，如猿辅导、作业帮、货拉拉、美菜网。整体浏览中国独角兽企业名录，我发现这些企业的主营业务几乎都与新经济有着千丝万缕的关系。

所谓新经济企业，主要有三大特征：一是企业高度信息化；二是摒弃传统模式，依托互联网技术开展业务；三是科技创新成为企业发展的核心动力与企业资产中的核心价值。以上这三点只是新经济企业的表面特征，并非归属于新经济模式的内涵，真正令企业获得高速发展并迅速跻身独角兽企业行列的根本原因，是一场从有限到无限的供给“变革”。

在传统经济时代，房子、车子、面包、牛奶……一切商品的输出都是由生产资料的有限供给量决定的，而在新经济时代，无论是微信、抖音、滴滴，还是支付宝、在线教育，由于平台的成熟与发展，商品的边界越来越模糊，不再存在所谓供求关系过剩的概念。于是，传统经济学领域人们热衷的商品稀缺性、市场出清、经济增长等理论模型，都不再适用于这些新经济企业的发展路径。

治理模式的变革：管理效能衰减

一个属于新经济的消费时代已经到来，一场属于科技创新的产业革命已经启幕。在这样的商业背景下，任何一家企业，如果想要获得与时代趋势相匹配的发展效率，就必须正视一个横亘于前的问题：公司治理模式的变革。

在传统经济时代，我们总在强调的是管理一家企业，而在新经济时代，受到商业模式与业务增长路径变革的影响，公司管理本身已经出现了效能衰减，作为企业的管理者，仅仅以管理的姿态出现在一家新经济企业中，显然是不合时宜的。

公司的概念源自西方，所以我们必须要搞清楚 management（管理）与 governance（治理）的本质区别。所谓管理，针对的是企业的日常运营工作，更多地着眼于微观，而治理的侧重点放在监管与筹划上，更适应新经济模式中的企业发展节奏。

如果仅仅是一家初创企业，身为企业创始人，在人员和业务架构尚未形成规模时，管理的权限足以应对，你只需要面对有限的甚至可以全部叫得上名字的员工，并专注于一条非常明晰的主营甚至是唯一一项业务即可。

在传统经济时代，一家小企业成长的过程是非常漫长的，无论是在时间维度还是空间维度，都受到非常多的因素影响，在这漫长的企业发展过程中，企业的创始团队有足够的时间与精力来适应业务的发展和规模的扩张，并按部就班、有条不紊地管理公司。

而在新经济时代，今天我们所熟知的很多独角兽企业，似乎是在一夜之间就如雨后春笋般出现在消费市场上，在万众瞩目中像变魔术一样地发生了指数级增长。

独角兽企业：能力越大，责任越大

当企业出现这样极速的增长时，传统的管理模式可能不再适应新的发展路径。企业创始团队所面对并负责的对象越来越多。

以前只需要对员工负责，从市场中寻求发展的能量，现在随着资本的介入，身为一家独角兽企业，首先要向股东负责，还要向债权人负责，同时，要关注实际经营者的效益，关注员工的技能提升，还要关注越来越多业务线中的客户反馈与需求……

在这样的企业发展过程中，仅以管理的标准对一家公司进行实际控制是远远不够的，必须要以治理的标准来重新为企业架构定位。

对于高速发展的独角兽企业，业务本身的素质当然重要，但我们可以从太多的真实商业案例中发现，缺乏对公司治理的理解所带来的负面效果有多么严重。

那么，到底应该如何提升对新经济企业的治理素质呢？摆在我面前的这本书中，就展示了很多具有现实意义的案例，并提供了非常具有可操作性的策略。

如何驾驭独角兽？这本书给你答案

作为中国人民大学财政金融学院的教授、博士生导师，郑志刚的专业素养与见识毋庸多言，以他多年来对中国商业世界细致入微的观察与思考，终于成就了这本具有独特意义的《驾驭独角兽：新经济企业的公司治理》。

本书中，郑教授分别从招股募投、股权纷争、股权结构、合伙人制度、股权激励、董事会制度、新金融企业等全方位多个角度出发，深度分析了近年来深度影响中国商业文明进程的经典商业案例，如瑞幸财务造假案、当当股权纷争、万科股权之争、碧桂园的传承、格力国企改制、海航混改等重大商业事件。郑教授引用的案例包罗万象，涵盖中外，且都具有在某一角度上的代表意义，非常值得详细研读。

本书在兼具可读性与实用性的同时，所针对的受众人群也非常广泛。企业创始人、管理人员当然有必要仔细理解本书的内容，即便你尚在职场起步阶段，也非常有必要以管理者视角理解如何治理一家公司，这对于你的整体职业规划与未来发展大有裨益。

最后，希望你能从本书中更好地理解新经济时代的公司架构与发展脉络，助力企业发展，成就非凡事业。

自序：独角兽时代的公司治理制度安排的挑战

渐行渐近的独角兽企业

独角兽像中国传统文化中的龙一样是人类丰富想象中最神奇的动物之一。种子轮基金 Cowboy Venture 的创始人 Aileen Lee 在 2013 年的一篇文章中将独角兽这种神奇的动物与企业形态联系在一起。那些成立不超过 10 年、接受过私募投资、估值超过 10 亿美元、发展速度快而企业数量少的初创型企业被 Aileen Lee 称为独角兽企业。从此，独角兽与黑天鹅、灰犀牛等珍稀动物一起为广大投资者所熟稔，成为各国资本市场的“常客”。

从独角兽的概念为广大投资者接受的很长的时间里，中国资本市场很多投资者对独角兽企业的理解还停留在类似科学探险家对独角兽这种传说中的神奇动物的认知阶段。距离产生的朦胧美使我国资本市场的投资者对这种以神奇的动物命名的企业充满无限遐想。一些投资者期待，能够有幸“一亲芳泽”，使这种传说中的动物成就自己现实中财富的神话；一些投资者则担心，如果无法驯服这只神奇的动物，这只威力无穷的巨兽损害的将不仅仅是少数投资者的财富，还包括独角兽企业背后新经济企业未来创新的内在动力和外在活力。

无论如何，以这种传说中的动物命名的企业伴随着人们对它的种种期待和顾虑一步步向我们走来，渐行渐近。

2018 年港交所完成“25 年来最大上市制度改革”，开始接纳和包容同股不同权架构，2014 年因违反同股同权原则而被拒绝挂牌的阿里在港交所二次上市，重新登陆香港市场；我国内地 A 股迎头赶上，在较短的时间内创立科创板，允许 AB 双重股权结构股票发行，2020 年 1 月 20 日我国 A 股第一只同股不同权股票优刻得鸣锣；2020 年底，IPO 规模有望成为全球最大的蚂蚁由于外部监管环境的变化被暂停上市；2021 年 3 月 17 日，新晋为中国用户规模最大的电商平台拼多多创始人——年仅 41 岁的黄峥，卸任董事长一职，而从 2015 年创办，2018 年在美国纳斯达克上市，到如今黄峥卸任，拼多多不过才 6 年的发展历程。

随着中国成为全球独角兽企业重要聚集地之一，我国的投资者被身边这些独角兽企业光怪陆离的故事搞得心猿意马。根据 2020 年 8 月胡润研究院发布的仅仅考虑在 2000 年后成立，价值超过 10 亿美元的非上市公司的《2020 胡润全球独角兽榜》，中国共有 227 家独角兽企业，比排名第一的美国仅少 6 家。而拥有 93 家独角兽企业的北京更是成为全球独角兽企业最多的城市。

正在浮出水面的独角兽企业的公司治理问题

如果说以往围绕独角兽企业，投资者更加关心的是其独特的业务发展模式，那么如今独角兽企业的公司治理问题正在浮出水面。

我们知道，独角兽企业在较短的时间内实现价值快速增加的现实诉求决定了其在业务发展模式上，更加注重业务模式的创新，因而相比于传统企业，独角兽企业未来发展具有更大的不确定性；与不确定性更大的业务模式选择相适应，独角兽企业在融资模式选择上更加倚重并不要求按期收回本金和利息、资本预算软化的权益融资。而确保投资者收回投资并取得合理回报的公司治理，是现代股份公司以资本市场为载体、实现权益融资的基础性制度安排。独角兽企业上述两个特点决定了独角兽企业与传统企业相比在公司治理制度安排上存在以下内在的冲突：一方面，独角兽企业的快速发展需要通过让渡部分权益给外部投资者，以获得企业发展必需的外部权益融资的支持；另一方面，独角兽企业希望控制权适度集中以确保创业团队对业务模式创新的主导。

我们注意到，自 21 世纪初，包括谷歌、脸书等在内的很多已经被历史证明的美国独角兽企业一改传统主流的同股同权架构，选择发行投票权配置权重向创业团队倾斜的 AB 双重股权结构股票上市。在 2017 年于美国纽交所上市的 Snap 甚至发行了 ABC 三重股权结构股票。由于很早接纳同股不同权架构股票上市，美国因此成为包括京东、百度、优酷等大量中国的优秀企业（中概股）上市的目的地，其中为数不少中概股就是所谓的独角兽企业。在近年前往美国上市的中概股企业中，平均 36％的企业选择发行 AB 双重股权结构股票上市。

除了为数众多的独角兽企业通过直接发行 AB 双重股权结构股票形成同股不同权架构，一些独角兽企业则通过控制权安排的制度创新在发行一类股票的前提下变相形成同股不同权架构。例如，阿里在只发行一类股票的前提下，通过推出合伙人制度，使阿里合伙人成为阿里“董事会中的董事会”，变相形成同股不同权架构；蚂蚁同样在只发行一类股票的前提下通过使股东权益履行在有限合伙人与普通合伙人之间的深度专业化分工的有限合伙架构完成阿里合伙人制度的升级，同时实现了加强公司控制和提升团队激励的双重目的。

而拼多多在 2018 年 7 月于美国上市时同时借鉴京东的 AB 双重股权结构股票发行和阿里的合伙人制度，形成了多元而独特的治理架构。拼多多一方面像京东一样直接发行 AB 双重股权结构股票，创始人黄峥持有投票权是 A 类股票 10 倍的全部 B 类股票，合计持股比例为 44.6％的黄峥通过持有具有超级投票权的B类股票，投票权占比达89%。另一方面设立具有直接任命执行董事和提名推荐CEO等权力，由黄峥、陈磊、孙沁（联合创始人）和范洁真（联合创始人）等作为合伙人的类似于阿里的合伙人制度。

我们看到，直接发行AB双重股权结构股票或变相形成的同股不同权架构改变了以往（大股东）投入多（所以）影响大的控制权分布格局，使创业团队在出资有限的前提下实现了对公司重要决策的主导。2016年诺贝尔奖得主哈佛大学奥利弗·哈特（Oliver Hart）将股东的权利分为对公司重要事项在股东大会上进行最后裁决的剩余控制权和受益顺序排在员工、银行、政府等利益相关者之后承担经营风险的剩余索取权。他发展的现代产权理论强调，股东应该实现剩余控制权与剩余索取权的匹配，使“最后裁决”的权利和“承担责任”的义务相对应。哈特的理论奠定了同股同权原则在公司治理控制权安排实践中的基础地位。

而独角兽企业普遍采用的投票权配置权重向创业团队倾斜的控制权安排，导致了表征承担决策失误责任的现金流权（如黄峥出资占股东全部出资的44.6%）与表征公司决策影响力的控制权（如黄峥占比达89%的投票权）二者之间的分离，形成了经济学意义上成本与收益不对称的负外部性。相比一股一票架构维护投入多影响大的看似更加“平等”的控制权分布格局，AB双重股权结构股票的发行则形成了一种投入少影响依然大的控制权分布格局。这使得创业团队在理论上具备了以损害外部分散股东的权益为代价，谋取私人收益的动机和能力。基于上述原因，诞生于19世纪末的美国双重股权结构股票，进而发展的同股不同权架构一个多世纪以来长期受到主流公司治理理论的批评。即使在20世纪90年代末，在哈佛大学安德烈·施莱弗（Andrei Shleifer）领导的法与金融研究团队在评估各国资本市场对投资者权益保护状况时，依然把允许同股不同权认为是对投资者权益保护不力的上市制度之一。而全球颇具影响力的美国机构股东服务公司（ISS）将实施双重股权结构的谷歌的公司治理归入基础一类，在标准普尔500指数成分股公司治理中评级最低。为数不少的投资者协会、公司治理协会等组织至今依然在不折不挠地通过各种途径反对同股不同权的上市实践，认为这是对股东基本权益的践踏和侵犯。

值得关注的是，与学术界对于同股不同权架构持保留态度不同，实务界却持欢迎态度。结合双重股权结构股票和合伙人制度的拼多多在2018年7月26日于美国纳斯达克上市当日，发行价从19美元大涨逾40%，收于26.7美元，市值达295.78亿美元。一度因违反同股同权原则拒绝阿里上市的港交所在2018年完成了“25年来最大上市制度改革”，开始接纳包容同股不同权制度，为阿里在香港的二次上市和独角兽企业登陆香港开启绿灯。中国内地资本市场于2019年7月创立科创板，其中一项引人瞩目的上市制度改革就是开始接纳包容同股不同权架构。2020年1月20日，我国第一只双重股权结构股票优刻得在上交所科创板鸣锣上市。我们可以预言，在未来的5～10年，在中国A股市场投资者的投资组合里，同股不同权架构股票将占有较大的比重。

我们知道，传统上，保护投资者权益是公司治理理论和实践的逻辑出发点和公司治理制度设计的基准。而独角兽企业在控制权安排上倾向于同股不同权的趋势无疑向传统公司治理理论提出了挑战。如果说传统公司治理理论仅仅关注投资者权益的保护问题，则独角兽企业不得不同时在投票权配置权重倾斜与外部投资者权益保护之间进行平衡，以确保独角兽企业同时获得外部融资支持和保证对业务模式创新的主导。这事实上也与近年来出现的公司治理理论与实践关注的重心从股东向企业家转变的发展趋势相吻合。因而，不同于传统公司治理理论仅仅强调外部投资者权益保护，围绕独角兽企业，如何开展强调投票权配置权重倾斜与投资者权益保护二者之间平衡的公司治理制度设计成为本书的现实出发点。

本书的尝试和努力

围绕如何应对正浮出水面的独角兽企业不同于以往的独特公司治理问

题，本书将基于现实经济生活中出现的独角兽企业公司治理制度设计的观察，从以下方面提出未来可能的思考方向。

其一，在股权设计层面，与传统企业相比，独角兽企业的股东权益履行将出现深度专业化分工趋势。在普通股东着力风险分担的同时将专业决策权更多集中到创业团队手中，实现普通股东风险分担职能（哈特意义上的剩余索取权）与创业团队集中决策职能（哈特意义上的剩余控制权）这一原本统一在股东权益履行的两种权利（哈特意义上的产权）之间的专业化分工，以实现治理效率的提升。这事实上是包括 AB 双重股权结构股票和有限合伙架构在独角兽企业控制权安排中十分流行背后的原因。

其二，在内部治理机制上，公司治理从更多依靠大股东的积极股东角色到依赖外部聘请、注重声誉的独立董事所扮演的治理角色，首席独立董事制度将兴起。那些来自外部，注重声誉，挑战管理团队决策成本较低的独立董事将逐步摆脱以往花瓶的形象，在股权纷争等公司治理场景中扮演更加积极的居中调停等角色。在一些企业中，为了制衡创业团队掌控的董事长，甚至会设立首席独立董事的角色，其目的是在确保创新导向下投票权配置权重向创业团队倾斜的同时，确保外部分散股东的权益不受侵害，实现二者之间的平衡。

其三，与内部治理机制相比，包括接管威胁、做空机制等在内的外部治理机制将扮演更加重要和积极的公司治理角色。给定投票权配置权重向创业团队倾斜，内部治理机制的有效性将或多或少受到创业团队的干扰，不能发挥预期的公司治理作用。独角兽企业不得不转而更多求助来自外部市场的公司治理力量。例如，瑞幸的财务造假并不是首先由所聘请的独立董事和会计师事务所，而是由以盈利为目的的做空机构浑水发现的。

本书是作者在作为 FT 中文网的专栏作家完成的“公司治理新视野”系列经济评论文章的纵向拓展和深度加工基础上形成的，真实地记录了作者对近年来资本市场形形色色的独角兽企业公司治理制度设计经验和教训的观察和思考。其中包括阿里合伙人制度如何通过形成“董事会中的董事会”而变相形成同股不同权架构；蚂蚁如何通过有限合伙架构实现了阿里合伙人制度的升级；瑞幸财务造假公司治理去哪儿了；混改后的海航为什么依然难逃破产的命运；恒大汽车在互联网时代产业转型升级所面临的两面性；等等。

对于正在大量涌现的独角兽企业和正浮出水面的独角兽企业的公司治理问题，在某种意义上，本书仅仅是独角兽企业公司治理问题探索的开始。我们期待，围绕独角兽企业的公司治理问题，理论界与实务界未来进行更多、更直接的交流对话，形成一系列真知灼见，成功驾驭独角兽这头神奇的动物，使它摆脱野性蒙昧，为人类社会创造更多的财富。

目 录

CONTENTS

招股募投篇

股权纷争篇

股权结构设计篇

合伙人制度篇

股权激励篇

董事与董事会篇

新金融企业治理篇

其他篇

引言

如何为独角兽企业进行公司治理制度设计

2020 年 1 月 20 日我国境内第一只双重股权结构股票优刻得（688158）上市。在中国公有云市场份额排名第 6 的优刻得成为我国 A 股第一家采用同股不同权架构的独角兽企业。

这里所谓的独角兽企业，按照种子轮基金 Cowboy Venture 创始人 Aileen Lee 的定义，指的是成立时间不超过 10 年、接受过私募投资、估值超过 10 亿美元、发展速度快且企业数量少的初创型企业。估值超过 100 亿美元的企业被称为超级独角兽。随着以互联网技术为标志的第四次工业革命浪潮的深入，符合上述标准的企业在高科技领域，或者说在新经济领域大量涌现。因此，所谓的独角兽企业，在一定程度上可以理解为投资视角下的高科技，或者说新经济企业。

独角兽企业的典型特征

识别独角兽企业与传统企业特征的差异是我们讨论独角兽企业的公司治理制度安排的基础和前提。概括而言，与传统企业相比，独角兽企业具有以下典型特征。

第一，与传统企业相比，独角兽企业创业团队与外部普通投资者围绕业务模式创新存在更为严重的信息不对称。对于传统企业，外部普通投资者习惯于应用净现值（NPV）法则来判断一个项目是否可行。然而，对于独角兽企业借助平台提供的捆绑品性质的服务来说，基于折现现金流的净现值法则甚至无法说明现金流从何而来。例如，有一家著名的二手车直卖网，它的广告词是，“买方直接买，卖方直接卖，没有中间商赚差价”。既然没有中间商赚差价，那提供中介服务的平台的现金流从何而来？而对于那些提供捆绑品性质服务的独角兽平台，我们知道，其业务模式创新可能恰恰在于，中介服务也许并不赚钱，而是与中介业务捆绑在一起的广告以及其他衍生服务赚钱。但对独角兽企业能够赚钱的广告以及其他衍生服务现金流测算显然要比传统企业复杂得多，也难得多。

于是，我们看到，围绕业务模式创新，独角兽企业在外部普通投资者与创业团队之间，存在着与传统企业相比更为严重的信息不对称，由此导致了独角兽企业外部融资的逆向选择困境。一方面，经过经济学家的长期科普，在那些坚信“没有免费午餐”的普通投资者眼中，独角兽企业创业团队往往怎么看都像是“空手套白狼”的骗子，很难获得普通投资者的信任；另一方面，这些“不差钱”的投资者却苦于找不到潜在优秀的项目进行投资。

那么，独角兽企业如何才能摆脱上述信息不对称所导致的外部融资逆向选择困境呢？其一，依靠独具慧眼的私募投资者的介入。我们知道，与普通投资者相比，私募投资者往往具有独特的专业背景和丰富的投资经验。特别是，在经过布局多元化的投资组合，“把鸡蛋放在不同的篮子”，完成风险分散后，私募投资可以考虑把部分鸡蛋放在某一特定独角兽“这只篮子”中。私募投资由此成为化解独角兽企业外部融资逆向选择困境的潜在途径之一。例如，如今在阿里持股比例较高的股东大多是在早期以私募投资者的身份进入阿里的。在阿里 2014 年美国上市后持股比例高达 31.8%的软银早在 2000 年就向阿里投资 2 000 万美元，4 年后又进一步投资淘宝 6 000 万美元。持股比例 15.3%排名第二的雅虎在 2007 年阿里 B2B 业务即将挂牌香港交易所（以下简称港交所）前夕，以 10 亿美元的现金和雅虎中国业务换取了阿里的部分股份。其二，谋求资本市场上市。2019年6月于上交所开板的科创板之所以被一些媒体称为开启了“中国纳斯达克之路”，一个十分重要的理由是审核制改为注册制、上市盈利标准降低以及接纳同股不同权的AB双重股权结构股票发行，降低了独角兽企业的上市门槛，为独角兽企业实现外部权益融资带来便捷。

这里需要说明的是，独角兽企业谋求资本市场上市，不是使原来信息不对称下的逆向选择问题得到了根本解决，而是它为解决这一问题创造了积极条件，提供了有利途径。其中，发行AB双重股权结构股票成为解决逆向选择问题可资利用的一种重要信号。我们知道，发送信号是解决事前信息不对称导致的逆向选择问题的潜在途径之一。通过向潜在的旧车购买者提供质量担保，使自己的旧车与不敢提供上述担保的旧车区分开，旧车车主于是向潜在的旧车购买者发出自己的旧车品质优良的信号，使信息不对称导致的逆向选择问题得以解决。发行AB双重股权结构股票无疑同样向投资者传递了独角兽创业团队对业务模式创新充满自信的信号：对于一家毫无价值可言的独角兽企业，创业团队有什么理由去保留控制权？愿意长期持有，甚至不愿意别人染指，不就是因为看好独角兽企业的潜在价值吗？

在上述意义上，科创板设立的一个应有之义是允许独角兽企业发行双重股权结构股票，发送独特信号，以解决信息不对称导致的逆向选择问题。港交所从2014年拒绝同股不同权架构的阿里上市，到4年后的2018年4月完成了港交所所谓的“25年来最大上市制度改革”。其中重要的内容就是包容同股不同权架构。2018年7月港交所迎来了第一家发行AB双重股权结构股票的中国内地企业小米的IPO。而在1年之后，我们高兴地看到我国A股市场推出的第一只同股不同权架构股票优刻得的诞生。

第二，独角兽企业创业团队有限的资金投入与主导业务模式创新对控制权的现实需求之间存在着显著矛盾。独角兽企业的创业团队尽管需要来自私募投资和资本市场的资金投入，但通常他们并不情愿把业务模式创新的主导权简单交给不熟悉相关业务的外部资本。换句话说，一个始终困扰独角兽企业创业团队的问题是，如何在有限资金投入下实现劳动“雇佣”资本?

我们看到，表决权（或投票权）配置权重倾斜的同股不同权架构股票同样为实现上述目的带来了便捷。围绕如何有效实现劳动“雇佣”资本，在资本市场实践中出现了很多值得观察和思考的公司治理制度创新。从内地投资者熟悉的小米在港交所 IPO 采用的发行 AB 双重股权结构股票，到美国 Snap 发行的普通投资者没有表决权的 ABC 三重股权结构股票，都是表决权配置权重倾斜的股权结构设计重要的制度创新。

上述投票权配置权重倾斜的股权结构设计除了有助于创业团队在有限资金投入下长期主导业务模式创新之外，一个客观好处是可以有效防范野蛮人入侵。这一点对于我国资本市场具有特殊含义。从 2015 年开始，我国上市公司第一大股东的平均持股比例低于标志相对控股权的 1/3，我国资本市场以万科股权之争为标志进入分散股权时代。面对频繁出没的野蛮人带来的潜在控制权丧失威胁，投票权配置权重向创业团队倾斜的股权结构设计相信将受到越来越多的独角兽企业的青睐。

那么，在有限的资金投入下，独角兽企业创业团队可以采用哪些手段来加强公司控制，防御野蛮人入侵呢?其一，独角兽企业创业团队内签订一致行动协议。例如，在 A 股上市的佳讯飞鸿，持股仅 20.7%的第一大股东林菁通过签订一致行动协议，获得了全体协议参与人合计持有的 66.1%的表决权。从 2007 年到 2017 年底，在我国 A 股 1 761 家新上市公司中，约占 15%的 265 家公司创业团队签订了一致行动协议，其中将近一半公司来自高科技领域。其二，就是前面提及的发行投票权配置权重向创业团队倾斜的股票，实行同股不同权。例如，雷军持有小米 31.4%的股份，却拥有 53.79%的表决权。其三，通过股权协议使创业团队成为独角兽企业的实际控制人。例如，在 2014 年于美国上市的阿里，尽管第一大股东软银（日本孙正义控股）和第二大股东雅虎分别持有阿里 31.8%和 15.3%的股份，远超阿里合伙人持有的13%的股份（其中马云本人仅持股7.6%），但基于阿里合伙人与主要股东的股权协议，阿里合伙人在阿里董事会组织中发挥主导作用，集体成为阿里的实际控制人。

总结前面的讨论，我们看到，至少在以上两个方面，独角兽企业呈现出与传统企业不同的企业特征。而独角兽企业创业团队资金投入有限与对控制权现实需要之间存在矛盾这一特征，在一定程度上是由独角兽企业创业团队与外部普通投资者围绕业务模式创新信息不对称严重这一根本特征衍生出来的。这一切都离不开以互联网技术为标志的第四次工业革命浪潮带来的巨大冲击。在上述意义上，第四次工业革命浪潮向独角兽企业提出了以创新为导向的公司治理结构变革的内在现实需求。

独角兽企业的公司治理制度安排

从“确保投资者按时收回投资，并取得合理回报”这一基本的公司治理目的出发，任何公司治理制度安排显然不能离开对投资者权益保护这一公司治理的逻辑出发点。但前面对独角兽企业特征的分析表明，为了迎合互联网时代对企业创新导向公司治理制度变革的内在需求，投票权配置权重有必要向创业团队倾斜。因此，独角兽企业公司治理制度安排需要遵循的基本原则应该是，在鼓励创业团队主导业务创新的组织设计与保障外部分散股东权益之间进行平衡。独角兽企业公司治理目的不应该像传统企业公司那样，实际出资的股东是“为了控制而控制”，更不是一味“防火、防盗、防经理人”。

那么，我们究竟应该如何为独角兽企业设计公司治理制度呢？

第一，在股东大会上，投票权配置权重向创业团队倾斜，成为独角兽企业基本的公司治理架构。上述架构将有助于创业团队主导业务模式创新，以此顺应第四次工业革命浪潮对创新导向的公司治理制度变革的内在需求。

这里需要说明的是，上述看似不平等的同股不同权架构却可以通过带给外部投资者更多的回报，来补偿其丧失控制权的“荣誉”损失，在一定程度上实现了收益的“平等”。我们可以从以下几个视角来理解。其一，通过形成投票权配置权重倾斜的治理架构，创业团队与股东完成了从短期雇佣合约向长期合伙合约之间的转化，为双方建立长期合伙关系，实现合作共赢打下了坚实的公司治理制度基础。例如，在通过合伙人制度变相实现双重股权结构股票发行的阿里，不断吐故纳新动态调整的合伙人团队成为阿里“董事会中的董事会”和“不变的董事长”，使阿里形成目前“铁打的经理人，铁打的股东”的治理格局。其二，通过形成投票权配置权重倾斜的治理架构，创业团队和股东之间实现了专业化深度分工。在双重股权结构下，一方面，由创业团队通过持有 B 类股票掌握控制权，专注业务模式创新；另一方面，外部投资者则把自己不熟悉的业务模式创新决策让渡给创业团队，使自己更加专注风险分担。现代股份公司资本社会化和经理人职业化之间的传统专业化分工由此在投票权配置权重倾斜的治理架构下得以深化。这事实上是现代股份公司诞生以来所一直秉持的专业化分工逻辑的延续。其三，无论是签署一致行动协议，还是发行双重股权结构股票，独角兽企业所形成的投票权配置权重倾斜的治理架构都属于事前的公司控制权安排，需要在 IPO 时发布的招股说明书中予以充分信息披露。购买该公司发行股票的决定是一个掌握充分信息的投资者，在充分评估投票权配置权重倾斜配置可能会对自己投资收益和收回安全影响的基础上，对实际控制人权力大于责任具有充分预期，甚至安排了相应防范和救济措施下做出的。因而，相比于在董事会组织中实际控制人事后超额委派董事等加强公司控制的行为，上述投票权权重倾斜的治理架构道德风险倾向要小得多。

我们看到，正是由于以上三个方面实现的效率提升，被称为不平等投票权的投票权配置权重倾斜的同股不同权架构并没有像其字面理解和想象的那样，因投票权的不平等而使外部股东利益受到严重损害，而是在一定程度上通过带给外部投资者更多的回报，补偿其丧失控制权的“荣誉”损失，实现了收益的“平等”。一个典型的例子是，软银和雅虎看似放弃了阿里的控制权，但从“放弃”中赚得钵满盆满。

第二，尽管在股东大会上投票权配置权重向创业团队倾斜，但独角兽企业创业团队也将受到来自私募投资者和大股东的协议制约。例如，按照上市前分别持有公司50%股份的腾讯主要创始人与来自南非的MIH达成的股东协议，双方向腾讯集团任命等额董事，而且在上市公司主体中双方任命的董事人数总和构成董事会的多数；尽管按照与主要股东在阿里上市前达成的一致行动协议，软银超出30%的股票投票权将转交阿里合伙人代理，在30%权限内的投票权将支持阿里合伙人提名的董事候选人，但作为交换，只要软银持有15%以上的普通股份，即可提名一位董事候选人出任董事会观察员，履行投票记录等事宜。事实上，在一些发行双重股权结构股票的独角兽企业中，部分私募投资者本身持有一部分投票权配置权重倾斜的股票。

第三，除了受到来自私募投资者和大股东的协议制约，来自创业团队内部的制衡和监督同样也是一种避免投票权配置权重倾斜可能导致对外部分散股东利益损害的公司治理力量。我们仍然以阿里的合伙人制度为例。阿里的新合伙人需要由现任合伙人向合伙人委员会推荐和提名，并须获得至少3/4合伙人的同意。阿里在2014年美国上市时合伙人成员仅27人，经过几轮推选，目前合伙人成员已达38人。在成为合伙人后，合伙人被要求任期前3年持股总数不能低于任职日所持股票的60%，3年后则不得低于40%。通过对合伙人持股的相关限定，不断吐故纳新动态调整的合伙人团队集体成为“阿里董事会中的董事会”和“不变的董事长”。阿里合伙人制度由此将所有合伙人与软银、雅虎等主要股东利益紧紧捆绑在一起，共同承担阿里未来的经营风险。

第四，在董事会组织中，以来自外部、利益中性和注重声誉的独立董事为主，同时董事长在签署一致行动协议的成员之间进行轮值，避免出现

“一言堂”和内部人控制的局面。与经理人职业发展关联更为紧密的内部董事如果向董事会议案发起挑战，其成本通常远远高于来自外部的具有兼职性质的，同时更加注重声誉的独立董事。在越来越多的国家，除了 CEO 以外，其他董事会成员全部为独立董事已成为董事会组织的流行实践。以独立董事为主的董事会构成在一定意义上也决定了对 CEO 的监督将从以往内部董事为主的事中监督，转化为独立董事为主的事后（董事会会议期间）监督，从短期监督转化为长期监督。上述改变一方面有助于从制度上保障创业团队对业务模式创新的主导作用的发挥，另一方面则有助于从程序上保障以独立董事为主以及独立性加强后的董事会对 CEO 的有效监督。而董事长在签署一致行动协议的成员之间，甚至董事会主要成员之间进行轮值则有利于营造全体董事民主协商的氛围和治理文化，防范固定董事长职位通常导致的“一言堂”局面，进而内部人控制问题的出现。借助商议性民主，综合全体董事智慧下的董事会决议将超越特定董事长个人能力和眼界的局限，形成未来经营风险相对准确的预判，防患于未然。

第五，与传统企业相比，独角兽企业将面对外部分散股东更加频繁的“以脚投票”。传统上，“以脚投票”是公司治理实践中维护股东权益“最后的武器”。这一招有时看似无奈，但往往很致命。由于投票权配置权重倾斜构成对外部分散股东权益的潜在威胁，以及创业团队与外部股东围绕业务模式创新的严重信息不对称，相比于传统企业而言，独角兽企业股价波动更加频繁，波动幅度更大。一个典型的例子是，在港交所完成上市制度改革后，登陆香港的独角兽企业小米、美团、众安在线、雷蛇、易鑫、阅文、平安好医生等无一例外地在 IPO 后遭遇股价跌回，甚至跌破发行价的尴尬局面。

招股募投篇

1

蚂蚁集团：有限合伙架构控制权安排背后的治理逻辑

虽然由于监管环境的变化暂缓上市，但蚂蚁集团为拟招股募投的公司如何利用有限合伙架构完成公司控制权安排，为公司治理理论和实务理解控制权安排背后的治理逻辑提供了经典案例。在蚂蚁采用的有限合伙架构中，控制权向执行合伙事务的普通合伙人背后的实控人倾斜，使原本统一于同一股东的剩余控制权与剩余索取权的权利履行实现了深度专业化分工，而有限合伙人则成为股权激励计划的受益人。因而有限合伙架构兼具股权激励和公司控制功能，在性质上十分类似于投票权配置权重向创业团队倾斜的同股不同权架构。在一定程度上，蚂蚁未来上市拟采用的有限合伙架构可以理解为是阿里合伙人制度变相形成的同股不同权架构的升级版。具体体现在：从阿里标配股权激励计划升级到蚂蚁内嵌股权激励计划；实际控制权从阿里的合伙人集体持有升级到蚂蚁有限合伙架构下负责执行合伙事务的普通合伙人背后的实控人持有；从阿里合伙人制度实施依赖主要股东的背书和谅解升级到依赖有限合伙架构的投资协议。

理解A+H同步上市

2020年8月25日晚间，蚂蚁集团向上海证券交易所（以下简称上交所）科创板递交了492页的上市招股说明书，并同步向香港交易所（以下简称港交所）递交 A1 招股申请文件，迈出 A+H 同步上市的关键步伐。对于业务模式形成过程中急剧增加的外部融资需求，独角兽企业倾向于更多依赖约束较“软”的权益融资。而二次上市，甚至同步上市将有助于拓宽独角兽企业潜在权益融资途径，成为其融资策略制定中的重要选项。

在蚂蚁官宣启动在上交所科创板和港交所主板寻求同步发行上市计划的 2020 年 7 月 20 日当天，当实控人马云出现在蚂蚁总部大厦时，幸福的蚂蚁员工一度发出“财务自由的欢呼”。

在我国资本市场发展历程上，既有先发行 A 股再发行 H 股的例子，也有先发行 H 股再发行 A 股，从而形成所谓的 A+H 上市格局的例子。那么，这次蚂蚁采用的 A+H 同步上市和之前的先 A 后 H，或先 H 后 A，最终形成的 A+H 究竟有何不同？按照蚂蚁发布的招股说明书，这次在 A 和 H 两处募资的规模占总资本的 10%左右。那么，在禁售期结束后，即将实现“财务自由”的蚂蚁员工是在 A 股减持，还是在 H 股减持？同步上市和二次上市，甚至首次公开发行（IPO）究竟有何不同？

这里需要说明的是，本文的二次上市指的是尚未从第一上市地的资本市场退市，又选择在另一个资本市场作为第二上市地同时发行新股的上市行为。它不同于一家企业在第一个资本市场上市后，通过私有化退市，成为一家非公众公司，再在另一个资本市场进行新的公开发行，重新成为公众公司的再次上市。

概括而言，与 IPO 相比，二次上市具有以下特征。

第一，一家公众公司最基本的公司治理框架（如公司章程的发布、董事会的组织以及管理团队的组建等）往往是在 IPO 前确定的，二次上市并不改变已经成为公众公司所形成的基本治理架构，只是对第一次上市后形成的公司治理架构进行微调，以确保与第二上市地的治理和监管要求不发生冲突。

第二，二次上市当日公开发行新股的价格将受到第一上市地同日股价的影响，甚至成为其定价基准，因而二次上市的时机选择十分重要。围绕上市时机选择，拟二次上市的企业需要综合考虑两方面的因素。首先，它需要在第一上市地股价价位较高的节点二次上市。这是因为以较高的股价发行新股，公司发行相同数量的股份可以募集到更大规模的资金，由此导致融资成本下降。其次，如果新发行股票股价太高，投资者是否愿意购买将成为问题，可能导致二次上市的计划流产。由于需要选择合理的股价区间和时间节点，同时实现融资成本的降低和满足资本市场的投资意愿，并不是所有的公司都适合进行二次上市。往往只有那些受到投资者追捧的优秀高科技企业才有可能同时满足上述两个条件，从优秀的高科技企业一举成为资本市场的明星企业。

上述两个特征决定了所谓二次上市本质上只是在一个新的资本市场完成了新一轮增发。需要说明的是，目前并不是所有的市场都接受本质上属于“在不同资本市场增发”的所谓二次上市。2018 年前后完成上市制度重大修改的港交所成为完成上述属性的二次上市的重要市场之一。阿里和网易拟在港交所二次上市就是在港交所完成包括接纳同股不同权架构等“25 年来最大上市制度改革”后实施的。

事实上，港交所在接受二次上市上是一直持开放态度的资本市场之一。目前全球主要资本市场往往只接受从其他资本市场私有化退市后的企业申请新的 IPO。港交所的上述包容态度很大程度上源于全球主要资本市场之间白热化的竞争。我们知道，交易所只是提供证券发行和流通服务的商业组织。如果未能接纳足够多的企业上市，吸引足够多的投资者开展交易，交易所将像任何企业一样不可避免地走向亏损，甚至倒闭之路。只是由于交易所部分履行资本市场监管职能，这使得其具有一定的行政垄断色彩，可以在一定范围内和一定程度上有保障地获得部分垄断性的利润。一些区域性的资本市场尤其如此。然而，对于处于全球金融中心的香港的港交所，显然不是这样的。它不仅直接面对来自新加坡交易所、美国纳斯达克交易所、美国纽约证券交易所（以下简称美国纽交所）、英国伦敦交易所等国际资本市场的竞争，还面临来自中国内地 A 股的深圳证券交易所

(以下简称深交所）和上交所的潜在竞争。香港作为全球金融中心的独特历史和现实地位由此也可见一斑。

在完成对二次上市本质认识的讨论后，我们拟对蚂蚁这次公开募股提出的A+H同步上市尝试做以下评论。

第一，蚂蚁的官宣中始终强调A+H同步上市，但这并不意味着在A和H之间不分主次。不难想象，蚂蚁甚至可以精准到选择同一天在A+H同时鸣锣上市，在技术操作层面上做到这一点并不难。但根据前面的分析，其实在所谓同步上市的A和H之间依然存在主次之分。中国证监会发布证监〔1998〕8号文件原则上规定，发行B股或H股的公司不能再发行A股，发行A股的公司不能再发行B股或H股，这导致A+H两地上市一度陷入停滞。虽然在2001年后上述政策开始出现松动，但鉴于A股科创板目前尚无企业以上述方式实现二次上市，而港交所对接受增发性质的二次上市采取更加包容的态度的事实，我们在这里大胆猜测，蚂蚁事实上是以A股科创板做第一次上市，而在H股完成增发性质的二次上市。蚂蚁这里所谓A+H同步上市与阿里和网易等先在美国上市再登录港股二次上市并无本质不同。容易理解，蚂蚁之所以宣称在A+H同步上市，也许更多是在表明，对于上交所科创板和港交所主板两个资本市场，蚂蚁采取的是“一视同仁”，而非“厚此薄彼”的平等尊重态度。

第二，蚂蚁上市后基本的公司治理制度以第一上市地的A股的治理框架作为基础，同时结合港股的相关治理和监管要求进行微调。这意味着，蚂蚁员工手中持有的那些即将在禁售期结束后上市流通的股票大概率是A股科创板股票，而非H股的股票。

第三，蚂蚁选择在A+H进行所谓的同步上市是服从蚂蚁资本市场的长期发展战略所做出的理性选择。其一，在A+H同步上市有助于蚂蚁产生更加不同凡响的品牌效应。正如前面的讨论已经表明的，并不是所有的公司可以二次上市；而即使一些企业可以二次上市，其中也没有几家企业可以在两个资本市场同时鸣锣上市。由此产生的品牌效应与一个普通公司的 IPO 不可相提并论。容易理解，蚂蚁 A+H 同步上市的安排自然离不开 A+H 两个资本市场之间罕见而强有力的相互谅解和政策协调。因而，蚂蚁在二次上市的基础上升级的同步上市具有不可复制性，很多普通企业望尘莫及。其二，同步上市背后实质完成的二次上市可以帮助蚂蚁拓宽融资渠道，扩大融资规模。根据前面的分析，蚂蚁此次 A+H 同步上市，事实上是在同一时间完成了对于很多普通的公众公司而言需要在不同时间节点分别完成的 IPO 和增发。其三，同时在两地上市有助于蚂蚁未来在融资规模和发行时机选择上有更多和更加灵活的空间，有助于实现融资风险的分担和融资成本的降低。

第四，不宜将蚂蚁 A+H 同步上市与目前中美贸易摩擦和瑞幸咖啡财务造假丑闻曝光后中概股遭受打压，集体走向回归之路联系在一起，并进行过度解读，甚至误读。很多学者在瑞幸事件曝光后，把美国出台的一系列加强监管的政策解读为对中概股的打压，并预测中概股将集体回归 A 股。事实上，任何资本市场都不会允许类似欺骗投资者的行为发生，不管是在美国资本市场，还是在中国资本市场，都将遭到严厉查处和惩罚。瑞幸咖啡财务造假丑闻曝光只是向一些财务质量不高和信息透明度有待提升的中概股敲响了警钟。

十分有趣的是，截至 2020 年 8 月 21 日，年内赴美上市的中资企业达到 32 家，而 2019 年同期仅为 23 家，全年则为 34 家。这意味着，中国企业赴美上市在一片“中美贸易摩擦和瑞幸咖啡财务造假丑闻曝光后中概股遭受打压，集体走向回归之路”的解读声中，不仅热度不减，反而有所回升。这一现象在一定程度上表明，中国企业在回归 A 股还是继续留在美股的选择上，其实比一些媒体解读理性得多，也务实得多。毋庸置疑的是，集中了数量如此之多和规模如此之大的各类基金等机构投资者的美国依然是全球最具吸引力的资本市场之一，不仅资本流通性好，而且品牌关注度高。在上市制度建设和革新上，美国资本市场始终走在全球资本市场的最前列，是全球最早接纳同股不同权和可变利益主体上市架构的资本市场，上市门槛相对不高，上市成本相对较低。

2020年以来看似出现的一轮包括阿里和网易在内的中概股回归潮，按照前面对二次上市实质的分析，其实是在香港上市制度改革后，上述企业在港交所完成的一次增发，仅仅是为了拓宽融资渠道，扩大品牌宣传而已。换种说法，这些需要外部融资的中概股原本可以在已经上市的美股继续增发新股，只不过港交所上市制度的改革，使得它们有机会通过在港交所二次上市变相完成增发。这一方面可以使这些中概股企业轻松实现融资目的，另一方面则有利于这些企业的品牌传播和融资风险分担。由此导致很多中概股最终理性选择在与美国市场增发没有太大区别的港交所进行二次上市。

而蚂蚁这里选择在A+H进行所谓的同步上市显然出于类似的考虑，这是它基于自身发展战略围绕融资实现策略所做出的理性选择。因此，对于蚂蚁这次A+H同步上市，媒体依然不宜对中概股遭受美国打压，集体回归A股这一角度进行太多的解读。

从阿里合伙人制度到蚂蚁有限合伙架构：马云的公司控制之道

当你向银行贷款时，银行不仅给定利率，而且要求必须提供抵押担保。如果把股东对上市公司的投资也理解为一种借贷行为，你会惊奇地发现，拿到“贷款”的上市公司不仅不会向你提供抵押担保，而且经常威胁你，“除非董事会做出承诺，否则发放股利不是公司义务”。那么，既然没有上市公司提供的抵押担保，股东为什么依然愿意投资给并非“隔壁的王叔”出任CEO的上市公司呢？直到2016年诺贝尔奖得主哈特提出现代产权理论，这一现代股份公司之谜才得以破解。上市公司向购买股票成为股东的投资者承诺股东集体享有所有者权益。股东一方面以出资额为限承担有限责任，另一方面在股东大会以表决的方式对公司重大事项进行最后裁决。股东和债权人一样向公司提供融资，但受益顺序排在最后，同时享有所有者权益的股东成为公司治理的权威。哈特提出的现代产权理论由此向我们揭示了在现代股份公司中“公司控制权是重要的”这一公司治理的基本命题。

哈特的公司控制权重要的命题在我国当前制度背景下的现实指导意义尤为突出。从 2015 年开始，我国上市公司第一大股东平均持股比例低于标志相对控制权的 1/3，我国资本市场以 2015 年万科股权之争为标志进入分散股权时代（见图 1）。万科股权之争、血洗南玻 A 董事会等公司治理事件就是在上述背景下发生的。以野蛮人入侵方式实现的外部接管对创业团队人力资本投入激励和社会创新文化构成巨大威胁，乃至董明珠等企业家发出“谁损害实体经济谁就是罪人”的呐喊。那么，公司治理制度设计如何应对分散股权时代的潜在的控制权纷争，甚至野蛮人入侵呢？

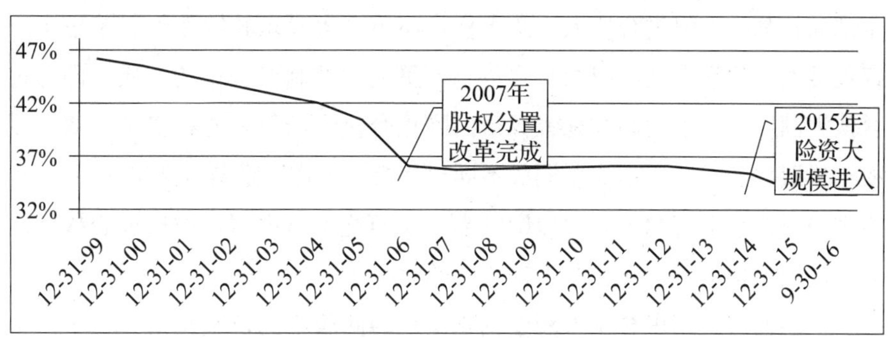

图 1　平均第一大股东持股比例变动表

与此同时，伴随着以互联网技术为标志的第四次工业革命的兴起，一方面，大数据采集方式和云计算数据处理能力使得长期困扰资本市场投融资双方的信息不对称问题有所减缓；另一方面，也使得投融资双方围绕业务发展模式的信息不对称加剧。例如，很多投资者其实并不清楚一个宣称“买主直接买，卖主直接卖，没有中间商赚差价”的二手车直卖网是如何盈利的？一些业务模式的边界在互联网时代变得十分模糊，乃至有“做好是互联网金融，做不好是非法集资诈骗”的说法。那么，公司治理制度设计如何应对以互联网技术为标志的第四次工业革命浪潮对创新导向的企业组织重构的冲击呢?

2020 年 10 月 21 日，证监会同意蚂蚁科创板 IPO 注册，股票代码为 688688。后由于监管环境的变化，蚂蚁暂缓上市。2014 年 9 月 19 日阿里在美国纽交所成功上市。那么，阿里和蚂蚁是如何进行公司控制权安排的呢?

在没有发行双重股权结构股票的阿里上市时的股权结构中，第一大股东是日本孙正义控股的持股 31.8%的软银，第二大股东是持股 15.3%的雅虎，阿里合伙人团队共同持有 13%，而马云持股仅 7.6%。但基于阿里合伙人与主要股东之间的股权协议，以马云为首的阿里合伙人有权任命董事会的大多数成员，集体成为公司的实际控制人。在阿里由 11 人组成的董事会，其中 5 位执行董事全部由合伙人提名，阿里大部分的执行董事和几乎全部高管都是由阿里合伙人团队出任。而第一大股东软银在阿里董事会中仅仅委派 1 位没有表决权的观察员。阿里上述控制权安排的实质，即通过合伙人制度实现了控制权配置权重向阿里合伙人倾斜，变相实现了双重股权结构股票的发行，形成了同股不同权架构。这背后隐藏着阿里在 2014 年遭到当时依然奉行同股同权原则的港交所拒绝上市申请，被迫远赴接纳同股不同权架构的美国纽交所上市背后的原因。

概括而言，阿里合伙人制度变相实现的同股不同权架构具有以下四个方面的特殊作用。其一，有效防范外部野蛮人入侵，鼓励阿里合伙人专注业务模式创新，持续人力资本投资；其二，把业务模式创新等专业决策交给阿里合伙人完成，软银等股东则专注风险分担，二者之间的专业化分工程度加深，管理效率提升；其三，阿里合伙人制度成为信息不对称下外部投资者在众多潜在项目中识别独特业务模式的信号，以解决信息不对称下“不差钱”的投资者无法找到好的项目，而好的项目“找不到钱”的逆向选择问题；其四，阿里合伙人制度实现了软银等主要股东与阿里合伙人之间从以往短期雇佣合约向长期合伙合约的转化。长期合伙合约下的阿里合伙人成为阿里“不变的董事长”和“董事会中的董事会”，实现了“铁打的经理人，铁打的股东”。阿里不仅是软银、雅虎等主要股东的，也是马云等阿里合伙人的。

事实上，亚当·斯密很早就指出，“在钱财的处理上，股份公司的董事是为他人尽力，而私人合伙公司的伙员，则纯粹是为自己打算。所以，要想股份公司的董事们监管钱财用途，像私人合伙公司成员那样用意周到，是很难做到的。如富家管事一样，他们往往拘泥于小节，而非主人的荣誉，因此他们非常容易使自己在保有荣誉这一点上置之不顾。于是，疏忽和浪费，成为股份公司业务经营上多少难免的弊端”。

放弃在中国香港上市后，时任阿里 CEO 的陆兆禧指出，“今天的中国香港市场，对新兴企业的治理结构创新还需要时间研究和消化”。阿里在香港上市经历的曲折促使 4 年后的港交所于 2018 年 4 月完成了“25 年来最大上市制度改革”，宣布允许同股不同权架构的公司赴港上市。2019 年 11 月 26 日，阿里以二次上市的方式回到一度拒绝其上市申请的港交所，实现了回归亚洲市场的夙愿。我国内地资本市场则迎头赶上。2019 年 7 月，上交所科创板开板，允许发行同股不同权架构股票上市。2020 年 1 月 20 日，我国境内第一只双重股权结构股票优刻得（688158）上市。

如果说阿里在上市时，是通过合伙人制度变相形成的同股不同权架构，那么，对于计划在上交所科创板和港交所实现同步上市，成为公众公司的蚂蚁，则采用的是基于有限合伙投资协议形成的控制链条最终完成了控制权安排。有限合伙投资协议最早起源于 10 世纪左右意大利一种被称为 Commenda 的契约。普通合伙人作为执行事务合伙人对合伙企业债务承担无限连带责任，而有限合伙人以其认缴的出资额为限对合伙企业债务承担有限责任，双方共同组成有限合伙公司。由于对出资人以有限合伙的方式对投资风险进行隔离，（负责投资管理）普通合伙人与（负责风险分担）有限合伙人之间专业化分工带来的投资效率的提升，再加上有限合伙制企业不是法人，享受免税待遇等诸多优势，有限合伙成为股权投资基金十分青睐的组织形式之一。我们把上述基于有限合伙投资协议形成的控制链条称为有限合伙架构，简称 LP 架构。

我们可以把蚂蚁的有限合伙架构概括为三层。第一层是确立马云相对控股地位，同时隔离有限合伙协议中的普通合伙人承担债务无限连带责任的有限责任公司杭州云铂。持有杭州云铂 34%股份的马云，与分别持有22%股份的井贤栋、胡晓明和蒋芳签署了一致行动协议。按照杭州云铂的公司章程，杭州云铂对蚂蚁行使股东权利时，需经过股东所持表决权的2/3 以上批准。这意味着持股 34%的马云拥有一票否决权，实现了对杭州云铂的相对控股。第二层是两级 5 家有限合伙公司。在 5 家有限合伙公司中，马云相对控股的杭州云铂成为执行合伙事务的普通合伙人，代表上述5 家有限合伙公司履行所持有的蚂蚁股份的股东权利。而蚂蚁主要高管则以不同的持股比例成为上述 5 家有限合伙公司的有限合伙人。其中，上一级的君洁和君济同时是下一级的杭州君瀚和杭州君澳的有限合伙人。第三层是持股蚂蚁 29.86%杭州君瀚和 20.66%的杭州君澳通过合计持股50.52%成为蚂蚁的控股股东。这样，在第一层杭州云铂相对控股的马云，通过使杭州云铂成为第二层众多有限合伙公司执行合伙事务的普通合伙人，穿透控制在第三层蚂蚁的两家控股股东，而最终成为蚂蚁的实控人。

有限合伙架构被马云选作蚂蚁控制权安排的实现方式，显然是由于有限合伙架构在控制权安排实现上具有独特优势。其一，有限合伙架构满足监管当局对上市发起人资格等要求。不同于职工持股会和资管机构托管等传统员工持股计划管理机构，有限合伙公司是法律和监管部门认可的持股主体和上市公司发起人。其二，有限合伙公司不需要像有限责任公司一样设置董事会等众多治理机构；与此同时，有限合伙公司由合伙人根据个人所得分别纳税，不需要缴纳企业所得税，总体税负水平较轻。其三，有限合伙架构可以作为股权激励的实现方式。在控制权向少数执行合伙事务的普通合伙人的实控人倾斜的同时，有限合伙架构中的有限合伙人则成为股权激励计划的受益人。蚂蚁曾多次向杭州君瀚等股东增发股份，用于经济受益权激励计划项下的激励安排。其四，有限合伙架构可以作为实控人实现公司控制的潜在方式。

这在 2019 年 12 月发生的格力股改中尤为典型。珠海明骏斥资 416.6 亿元，从格力集团手中收购格力电器 15%的股权，成为格力电器新的大股东。而对于珠海明骏，按照有限合伙投资协议，出资 99.96%的深圳高瓴瀚盈成为有限合伙人，出资仅 0.04%的珠海贤盈则成为负责执行事务的普通合伙人。而珠海贤盈的三个股东分别是出资占 50.5%的珠海毓秀、出资占 24.75%的 HH Mansion Holdings，以及出资占 24.75%的明珠熠辉，其中珠海毓秀是执行合伙事务的普通合伙人。珠海格臻在珠海毓秀中持股 41%，是珠海毓秀的第一大股东。而珠海格臻则是由董明珠控股 95.2%，格力电器另外 17 位高管参股 4.8%的有限责任公司。这样，在格力股改完成后，董明珠可以潜在影响的股份，除了直接持有的 0.74%和由格力空调经销商设立的河北京海担保持有的 8.91%，还将借助上述有限合伙架构影响第一大股东珠海明骏持有的 15%，这尚不包括按照相关协议，上市公司未来还将给予管理层不超过 4%的股权激励。这事实上是一些媒体报道 2019 年 1 月成功连任格力电器董事长的董明珠成为这次格力股改“最大赢家”背后的原因。

我们看到，兼具股权激励和公司控制功能的有限合伙架构在性质上十分类似于投票权配置权重向阿里合伙人倾斜的通过合伙人制度变相形成的同股不同权架构，在控制权向少数执行合伙事务的普通合伙人的实控人倾斜的同时，有限合伙架构中的有限合伙人成为股权激励计划的受益人。因而，蚂蚁此次上市采用的有限合伙架构在一定程度上可以理解为是阿里合伙人制度变相形成的同股不同权架构的升级版，马云以有限合伙架构在蚂蚁将阿里的合伙人重新组织在一起。由于很好地平衡了员工股权激励问题与实控人对公司的控制问题，有限合伙架构近年来受到包括蚂蚁在内的一些公司控制权安排的青睐。一个可以预见的事实是，我国资本市场将会有越来越多的公司选择有限合伙架构实现实控人对公司的控制。

蚂蚁有限合伙架构控制权安排背后的治理逻辑

在上交所科创板和港交所实现同步上市，并成为全球规模最大的 IPO 的蚂蚁将选择怎样的控制权安排上市无疑引人瞩目。我们注意到，不同于阿里的合伙人制度，马云选择采用有限合伙架构完成对计划上市的蚂蚁的控制权安排。那么，蚂蚁上市采用有限合伙架构实现控制权安排，体现了实控人怎样的治理逻辑呢?

首先，通过设立有限合伙架构，实控人实现了对上市的蚂蚁的控制。除了近年来出现的有限合伙架构，实控人往往借助形成金字塔控股结构链条和直接或变相形成同股不同权架构来实现公司控制。其中，直接形成同股不同权架构的例子是发行 AB 双重股权结构股票的京东，而变相形成同股不同权架构的例子是阿里。2014 年阿里上市申请遭到当时依然奉行同股同权原则的港交所拒绝，被迫远赴接纳同股不同权架构的纽交所上市。我们将上述三种实控人实现公司控制方式的比较总结在表 1 中。

表 1 实控人用来实现公司控制方式的比较

公司控制方式	现金流权与控制权分离程度	控制权配置的方向	实现形式	是否内嵌股权激励计划	税负水平	总体实施成本
金字塔控股结构	弱（金字塔结构的层级）	金字塔塔尖的最终所有者	明显（资本系族）	否	高（缴纳公司间股利税）	高（控股链条的形成）
同股不同权架构	中（A 类股票的表决权的倍数）	A 类股票的持有人	明显（不平等投票权）	是	低	中（标配日落条款）
有限合伙架构	强（普通合伙人出资比例占有限合伙企业的比例）	执行合伙事务的普通合伙人	相对隐蔽	是	低（非法人，免税）	低

（1）从表征责任承担能力的实际投入资金比例的现金流权（收益权）与借助公司控制方式形成的表征实控人在重大事项决策影响力的控制权的分离程度来看，在传统的金字塔控股结构中，二者的分离程度相对较弱，且主要取决于金字塔控股结构的层级；在同股不同权架构中，二者的分离程度相对居中，主要取决于B类股票①表决权高于A类股票表决权的倍数；而在有限合伙架构中，负责执行合伙事务的普通合伙人通过有限合伙投资协议往往可以撬动比金字塔控股结构和同股不同权架构多得多的有限合伙人投入的资金，可以形成现金流权与控制权很大程度的分离。例如，在2019年12月格力股改的案例中，从格力集团手中收购格力电器15%股权的珠海明骏成为格力电器新的大股东。而在珠海明骏中，出资99.96%的深圳高瓴瀚盈成为有限合伙人，出资仅0.04%的珠海贤盈则成为负责执行事务的普通合伙人。（2）从控制权配置权重的倾斜方向来看，金字塔控股结构指向处于金字塔控股结构塔尖的最终所有者，同股不同权架构指向持有更高投票权的A类股票持有人，而有限合伙架构则指向执行合伙事务的普通合伙人。（3）从实现形式来看，金字塔控股结构往往形成庞大的资本系族，产生广泛的政治经济社会影响，实现形式十分明显；又被称为不平等投票权的同股不同权架构，由于有违资本市场长期奉行的同股同权原则，实现形式也相对明显；而有限合伙架构与前两种实现方式相比，至少在形式上需要对上市公司股份有直接大比例的持有，同时一些有限合伙架构从员工持股计划改造而来，推出股权激励计划的动机往往掩盖了实控人加强公司控制的动机，因而在实现形式上显得隐蔽。（4）从是否内嵌股权激励计划来看，金字塔控股结构需要单独设置，而同股不同权架构和有限合伙架构则往往内嵌股权激励计划，或者使投票权配置权重倾斜的创业团队，或者使有限合伙人成为股权激励计划的受益对象。（5）从税负水平来看，面临缴纳公司间股利税（包括我国在内的一些国家尚未开征）的金字塔控股结构的税

---

① 一般情况下，在AB双重股权结构中，B类股票为特殊股权，投票权重较高，比如，京东、脸书、百度等。也有例外，将A类股票设置成投票权重较高的，比如，小米、优刻得等。本书在介绍AB双重股权结构一般原理时，均采用B类股票为特殊股权，具体到某家公司时，则以该公司的实际情况为准。

负水平，远远高于股东或合伙人直接纳税的同股不同权架构与有限合伙架构的税负水平。(6) 从总体实施成本来看，金字塔控股结构由于要投入资金，形成控股链条，总体实施成本较高；有限合伙架构基于有限合伙投资协议，操作简单便捷，实施成本低；而同股不同权架构则由于受到对外部分散股东权益保护不足的质疑，往往不得不标配确保控制权状态依存的日落条款等，总体实施成本介于金字塔控股结构与有限合伙构架二者之间。

其次，通过有限合伙架构，蚂蚁内嵌股权激励计划，实现了对员工的激励。在控制权向负责执行合伙事务的普通合伙人的实控人倾斜的同时，有限合伙架构中的有限合伙人成为股权激励计划的受益人。受到《合伙企业法》对有限合伙企业由 2 个以上 50 个以下合伙人设立的限制，从 2012 年 12 月 11 日设立杭州君澳以来，蚂蚁每推出一次股权激励计划，就需要设立新的有限合伙公司以扩容。目前，以有限合伙人身份成为股权激励受益人的蚂蚁高管共 39 位。

我们可以简单地把股权激励实现方式概括为四种。第一种是聘请专业资管机构代管的员工持股计划，第二种是公司成立管理委员会自管的员工持股计划，第三种是公司成立有限责任公司自管的员工持股计划，第四种是蚂蚁上市选择的有限合伙架构。表 2 总结了对四种股权激励实现方式的比较。

表 2　潜在股权激励实现方式的比较

股权激励实现方式	激励动机	直接成本	税负水平	控制权加强的意愿	是否与上市政策冲突	性质
聘请专业资管机构代管	单纯	管理费	低	淡	上市后推出	市场化员工持股计划
成立管理委员会自管	相对复杂	低（管理委员会兼任）	低	相对强	不能成为上市发起股东	标准的员工持股计划
成立有限责任公司自管	较为复杂	需要设立董事会	双重课税	较强	可以成为上市发起股东	防御型员工持股计划
有限合伙架构	复杂	成立方便，但受合伙人不超过 50 人限制，多层的有限合伙架构	低	强	可以成为上市发起股东，员工股权变动不涉及工商注册登记	兼具激励员工和加强控制功能的复合体

从表 2 可以看出，第一种聘请专业资管机构代管的员工持股计划，在时机选择上往往是在上市后推出；从激励动机来看，比较单纯；控制权加强的意愿并不强烈，因而在性质上属于市场化员工持股计划，但需要向资管机构支付管理费。第二种公司成立管理委员会自管的员工持股计划，从激励动机来看，并不能排除公司实控人希望通过兼任管理委员会负责人加强公司控制的可能性，因而激励动机相对复杂。尽管管理委员会不能成为上市发起股东，但成立管理委员会自管是一些公司推出员工持股计划通行的做法，因而在性质上属于标准的员工持股计划。第三种公司成立有限责任公司自管的员工持股计划，与第二种公司成立管理委员会自管的员工持股计划类似，不能排除实控人利用作为有限责任公司需要设立的董事会，通过实控人兼任董事长，加强公司控制的可能性，因而激励动机较为复杂。如果说管理委员会在一定程度上具有员工民主管理的色彩，那么，成立有限责任公司则更多是将权力集中在实控人具有更大影响力的董事会，因而，在性质上，我们可以把第三种公司成立有限责任公司自管的员工持股计划称为防御型员工持股计划。而第三种管理机构作为有限责任公司需要成立专门的董事会，与第二种往往由员工兼任管理委员会委员相比，实施直接成本更高。第四种有限合伙架构可以成为公司上市发起股东，员工股权变动不涉及工商重新注册登记，一方面可以作为实控人撬动资金加强公司控制的实现方式，另一方面有助于实现对员工的股权激励，是兼备激励员工和加强控制功能的复合体，因而实控人加强控制的意愿强烈，激励动机也相应变得复杂。从税负水平来看，除了第三种涉及成立有限责任公司双重课税的问题，总体税负水平较高外，其他三种的税负水平并不太高。

作为兼具股权激励和公司控制功能的有限合伙架构在性质上十分类似于投票权配置权重向创业团队倾斜的同股不同权架构，在控制权向少数执行合伙事务的普通合伙人的实控人倾斜的同时，有限合伙架构中的有限合伙人成为股权激励计划的受益人。因而，蚂蚁此次上市采用的有限合伙架构在一定程度上可以理解为是阿里合伙人制度变相形成的同股不同权架构的升级版。我们可以从以下三个方面理解从阿里的合伙人制度到蚂蚁的有限合伙架构的升级过程。

第一，从阿里标配股权激励计划升级到蚂蚁内嵌股权激励计划。

阿里合伙人合计持股13%，永久合伙人马云和蔡崇信分别持股7.6%和3.1%，其他高管和董事个人持股均低于1%。合伙人被要求任期前3年持股总数不能低于任职日所持股票的60%，3年后则不得低于40%，以对合伙人转让股份进行限制。作为对照，对高管的股权激励捆绑在有限合伙协议下，由执行合伙事务的普通合伙人负责投资管理，代行股东权利的同时，蚂蚁的高管作为有限合伙人成为股权激励计划的受益人。因而，蚂蚁以内嵌股权激励计划的方式实现了阿里标配股权激励计划的升级。

第二，实际控制权从阿里的合伙人集体持有升级到蚂蚁有限合伙架构下负责执行合伙事务的普通合伙人的实控人。

作为阿里的内部管理制度，合伙人制度对合伙人遴选、管理、退出有着十分详尽的规定。除了作为永久合伙人和合伙人核心的马云及作为永久合伙人的蔡崇信，合伙人设立合伙人委员会负责主持合伙人遴选及其年终奖金分配等事宜。3年任期的合伙人委员会成员，经合伙人投票差额选举产生。而对于那些未能履行合伙人义务，不能践行公司的使命、愿景和价值观，存在欺诈、严重不当行为或重大过失的合伙人，可以经过半数出席的合伙人同意，免去其合伙人资格。天猫蒋凡被除名阿里合伙人就是一个典型的例子。与阿里合伙人制度作为内部管理制度复杂详尽的规定不同，马云通过有限合伙架构的穿透，直接实现对蚂蚁的实际控制。

需要指出的是，蚂蚁的有限合伙架构在一定意义上完成了股东权利实现方式的创新。我们知道，股东在股东大会上对重大事项表决的投票权被认为是2016年诺贝尔奖得主哈特发展的现代产权理论中剩余控制权的集中体现，由出资比例决定收益权被认为是剩余索取权的体现（Grossman & Hart，1986；Hart & Moore，1990；Hart，1995）。在同股同权架构下，股东按照持有股份的多寡，依据一股一票原则直接在股东大会上完成投票；在同股不同权架构下，投票权的配置权重向创业团队倾斜，外部分散股东持有的是被稀释的投票权。面对日渐加深的信息不对称，把自己不熟悉的业务模式创新的表决权委托给专业投票机构代理将受到越来越多股东的欢迎。而蚂蚁未来上市采用的有限合伙架构在一定程度上是股东投票权代理的另类实现。在蚂蚁的有限合伙架构中，执行合伙事务的普通合伙人负责代表有限合伙公司履行所持有股票的股东的投票权，而有限合伙人作为经济激励计划的受益者负责承担风险。这里普通合伙人代行的股东投票权对应的事实上是哈特意义上的股东剩余控制权，有限合伙人负责承担风险对应的是哈特意义上的股东剩余索取权。我们看到，在有限合伙架构下，原本统一于同一股东的剩余控制权与剩余索取权的股东权利履行实现了深度专业化分工。

第三，从阿里合伙人制度实施依赖主要股东的背书和谅解升级到依赖有限合伙架构的投资协议。

阿里合伙人制度变相实现的同股不同权架构在很大程度上依赖于马云和蔡崇信与软银和雅虎达成的股权协议。例如，软银将超出30%的股票投票权转交马云、蔡崇信代理，而在30%权限内的投票权将支持阿里合伙人提名的董事候选人。雅虎则统一将最多1.215亿元普通股（雅虎当时所持的1/3，约占阿里总股本的4.85%）的投票权交由马云、蔡崇信代理。上述架构的有序运行一方面依赖于阿里经营状况良好下主要股东的认同和出现状况后与主要股东的有效沟通和其充分谅解；另一方面则依赖于作为阿里内部管理制度的合伙人制度的健康运行。而上述两方面显然都存在不确定性，这将在无形中增加阿里合伙人制度变相实现的同股不同权架构的运行成本。在一定意义上，阿里合伙人制度不可复制。

作为对照，马云对蚂蚁控制权的安排则显得简洁明快，单刀直入，游刃有余。蚂蚁甚至在招股说明书中宣称，“并不存在公司治理的特殊安排”。我们看到，马云在公司控制权设计的理念上开始从阿里合伙人阶段更多依靠内部管理制度、合伙伙伴的谅解和企业文化转向更多依靠受法律保护的投资协议。

那么，蚂蚁上市推出的有限合伙架构存在哪些潜在的问题呢？

首先，有限合伙架构下股权激励计划受益人高管的投资者权益保护更多依赖于有限合伙投资协议和《合伙企业法》。

受到有限合伙公司的合伙人不能超过50人的限制，成为有限合伙人的高管以及身后的员工尽管不具备法律认可的股东身份，但他们能够依据有限合伙投资协议享有类似股东分红权和股价升值权的经济受益权，这使得有限合伙架构下的作为有限合伙人的高管享有的经济收益权在一定程度上类似于华为的虚拟股权。为了弥补上述设计可能存在的缺陷，2020年8月蚂蚁审议通过将控股股东之一杭州君瀚持有的约30.79亿股股份中的3.96亿股直接转为A股限制性股票激励计划。计划上市后通过增发或回购9.14亿股股份用于未来四年的员工激励，其中不超过8.22亿股继续用于A股限制性股票激励计划。

其次，与阿里合伙人制度相比，有限合伙架构下蚂蚁的控制权向普通合伙人中的实控人集中，缺乏来自身份平等的合伙人之间的制衡，容易出现所谓的“经济专制”。阿里合伙人制度创立的初衷就是希望通过合伙人制度的推出打破传统管理体系的等级制度，改变以往合伙人之间简单雇佣关系的治理模式，使不同合伙人形成共同的价值观和愿景再反过来培育阿里独特的企业文化，以提升阿里的管理效率。因此，在蚂蚁未来的公司治理实践中，实控人和其合作伙伴如何建立平等对话途径和自动纠错机制是蚂蚁有限合伙架构面临的巨大挑战。

我们把阿里和蚂蚁这两家公司的控制权安排特征的比较总结如表3所示。

表 3　从阿里的合伙人制度到蚂蚁的有限合伙架构

内部管理制度	投票权配置权重倾斜对象	实施效力	员工持股计划	实施成本
阿里合伙人制度	合伙人集体	主要股东背书和谅解的内部管理制度	配套	牵涉面广，不确定性大，实施成本高
蚂蚁有限合伙架构	作为执行事务合伙人的普通合伙人的实控人	受法律保护的投资协议	内嵌	简洁明快，游刃有余，实施成本低

从投票权配置权重倾斜的对象来看，阿里合伙人制度是向合伙人集体倾斜，而蚂蚁的有限合伙架构则向作为执行事务合伙人的普通合伙人的实控人倾斜；从实施效力来看，阿里合伙人制度的实施依赖主要股东背书和谅解以及内部管理制度的完善，而蚂蚁的有限合伙架构则依赖受法律保护的有限合伙投资协议；从是否关联员工持股计划来看，阿里合伙人制度需要单独设立员工持股计划作为配套，而蚂蚁的有限合伙架构则是内嵌员工持股计划，有限合伙架构中的有限合伙人就是股权激励计划的受益人；最后，从实施成本来看，阿里合伙人制度牵涉面广，不确定性大，实施成本高，而蚂蚁的有限合伙架构则简洁明快，单刀直入，游刃有余，实施成本低。

由于很好地平衡了员工股权激励问题与实控人对公司的控制问题，有限合伙架构成为兼具股权激励和公司控制功能的复合体，近年来受到包括蚂蚁在内的一些公司控制权安排的青睐。检索发现，在 2012 年之前，我国上市公司中鲜有以有限合伙投资协议架构参与公司控制的情形；而从 2012 年开始则出现稳定增长的趋势；2012—2019 年，我国上市的非国有公司中，177 家公司实际控制人（占比 7.15%）通过成为有限合伙企业的普通合伙人实现对上市公司的控制。一个可以预见的事实是，在我国资本市场将会有越来越多的公司通过有限合伙架构实现实控人对公司的控制。

2

瑞幸：烧钱模式下的“幸”与“不幸”

2020 年 4 月 2 日，瑞幸自曝财务造假丑闻。未能从静态、动态和空间三个维度建立反哺前期烧钱投入的有效机制的瑞幸烧钱模式也许并不适合绝大部分企业，目前尚不能成为一种可复制的成熟的商业模式。在上述意义上，瑞幸财务造假曝光和退市在一定程度上也标志着上述“烧钱模式”的终结。瑞幸财务造假丑闻曝光后，集体蒙羞和在一片加强监管呼声中的中概股是否会向传闻一样，“集体逃离美国”，甚至“集体走向回归中国 A 股之路”呢？

瑞幸财务造假，公司治理去哪儿了？

2020 年 4 月 2 日，瑞幸咖啡（Luckin Coffee Inc.，NASDAQ：LK）自曝财务造假丑闻。根据瑞幸董事会特别委员会初步完成的内部调查显示，从 2019 年第二季度到 2019 年第四季度，瑞幸约 22 亿元人民币的总销售额涉及虚假交易。在新冠肺炎疫情引发的恐慌在全球持续蔓延之际，公众对瑞幸财务造假丑闻的关注程度甚至一度超过疫情。在瑞幸自爆丑闻当日，相关新闻和评论在微信朋友圈持续刷屏。

瑞幸于 2017 年 10 月成立，2019 年 5 月 18 日在美国纳斯达克上市。从成立到 2019 年底，在短短两年多时间里，瑞幸募集了超过 10 亿美元资金，开了 4 900 多家咖啡门店。不仅如此，瑞幸在成立 18 个月就成功上市，刷新了中概股最快上市纪录。作为近年来独角兽企业中的佼佼者和在美国上市的中概股的代表，应该说，国人对瑞幸寄托了不少的期许和厚望。

很多读者在瑞幸财务造假丑闻曝光后好奇地问：难道瑞幸作为公众公司所建立的那些公司治理制度全都是摆设吗？更让人匪夷所思的是，瑞幸的财务造假丑闻竟然发生在堪称法规完备、监管严厉、成熟的美国资本市场，那么，在瑞幸财务造假之时，它的公司治理究竟去哪儿了呢？

资本市场设立的初衷是帮助需要外部融资的企业突破以往债务融资形成的硬预算约束限制，实现投资回报根据盈利状况灵活调整的权益融资。正是由于服务于权益发行、流通和转让的资本市场的存在，上市公司在完成 IPO 后，可以安心地用 IPO 募集的资金从事生产经营活动，而无须像债务融资一样考虑到期如何偿还本金和利息的问题。

然而，当原本用来帮助企业实现外部权益融资的金融工具上市异化为一些机构和个人财富管理动机下的目标时，传统上用于确保投资者按时收回投资并获得回报的公司治理便发生了扭曲。由于金融工具的目标化倾向，违反传统商业原则的成本投入和收益回报不对称的烧钱模式不仅会被一些公司接受，甚至受到欢迎和纵容。

在上述扭曲的公司治理下，一方面，公司治理中的主要股东的选择和董事会主要成员的委派，需要服从金融工具目标化这一目的，在相关议案表决上选择支持，而不是依据传统商业原则阻止实际控制人启动烧钱模式；另一方面，公司治理将为主要股东在短期内通过如增发等途径套现大开绿灯。

在瑞幸的案例中，按照《燃财经》2020 年 4 月 3 日的相关报道，罪名指向瑞幸的实控人陆正耀、愉悦资本创始人刘二海和大钲资本创始人黎辉组成的神州系“铁三角”，“黎辉和刘二海连续加注了瑞幸咖啡的 A 轮和 B 轮融资，将其估值抬高至 22 亿美元。A 轮中出现的君联资本，是刘二海的前东家，新加坡政府投资公司据传是大钲资本的有限合伙人；B轮中出现的中金公司，则跟黎辉的前东家摩根士丹利，一起出现在瑞幸咖啡上市保荐商的名单里”。

传统上，金融工具的目标化倾向更多体现在一些公司为了上市而上市，以至一些公司上市后会出现会计学中著名的“业绩变脸”。为了满足上市的盈利要求，一些公司通过并不违反会计准则的盈余管理，将上市前的业绩做得十分好看。而在公司上市后，不得不回调业绩，以确保会计信息的总体真实可信。于是出现了一些上市前盈利状况良好的企业在上市后业绩下滑，甚至亏损。这一现象被称为业绩变脸。尽管存在没有真实揭示企业绩效状况的盈余管理问题，但业绩变脸还没有发展到公然财务造假的地步。

除了为了上市而上市这一常见的金融工具目标化，于2019年5月17日上市的瑞幸的财务造假表明，即使在上市后，并购对象同样可以成为一些公司金融工具的目标之一。在瑞幸上市后，由于受到监管规则对主要股东禁售期限的限制，主要股东无法立即减持套现，已经启动的烧钱模式被迫持续下去，直到未来并购时机的出现。

怀着金融工具目标化动机的瑞幸一旦选择启动烧钱模式，事实上就走上了一条不归路。今天财务造假自曝的“果”很大程度来源于多年前金融工具目标化和选择烧钱模式的“因”。在一定意义上，瑞幸的模式并不适合普通的企业，甚至可以说是普通投资者参与的商业冒险家的事业，而商业冒险的发展趋势必然是被迫铤而走险。这与一个企业正常经营需要承担商业风险是两个完全不同的概念。在企业的名字中包含“幸运”的瑞幸这次看上去并不是那么幸运，最终以自曝财务丑闻的方式终结了金融工具目标化动机下启动的烧钱模式。

那么，瑞幸今天的悲剧是如何造成的呢？

其一，在对待资本市场的态度上，瑞幸不是希望利用资本市场作为实现权益融资的工具，扩大经营规模，为消费者提供喜欢的咖啡饮品，而是对资本市场缺乏基本的敬畏，试图把其作为冒险家的乐园和财富管理的工具；其二，近年来资本市场愈演愈烈的财富管理理念和实践，为金融工具目标化的企业和个人，进而为烧钱模式的盛行提供了现实需求和生存土壤。固然，“股市有风险，投资需谨慎”，但如果我们能够让资本市场回归到企业外部权益融资的实现，推广“不要把鸡蛋放在同一个篮子里”的风险规避和管理手段，淡化资本市场的财富管理功能，也许类似瑞幸的商业冒险行为会少得多，资本市场的发展也健康得多。

瑞幸财务造假自曝后，瑞幸主要股东和管理层中的责任人面临监管处罚和股东集体诉讼的巨额民事赔偿。这应了中国的一句古语，“在江湖上混，迟早是要还的”。这次瑞幸财务造假自曝事实上也提醒监管当局应该在相应的 IPO 后禁售期限、IPO 后增发间隔期限和增发对象选择，以及股东股权质押的比例和范围等制度设计上加以必要的规范和限制，增加这些商业冒险家冒险的成本，引导更多机构投资者和个人从赚“短钱”“快钱”回归到关注企业价值投资。

在一定意义上，这次瑞幸财务造假丑闻的自曝标志着背离投入成本与投资回报对称原则的烧钱模式的终结。

针对金融工具目标化倾向和启用烧钱模式导致的瑞幸公司治理的扭曲，无论是股东的制衡，还是董事会的监督，似乎都无法发挥预期的公司治理作用。那么，这是否意味着瑞幸从一开始就没有正常的公司治理，乃至公司治理没有发挥任何作用？

这显然并非事实的全部。作为确保投资者按时收回投资并取得合理回报的各种制度的总称，公司治理体系任一环节发挥作用，都会导致类似此次瑞幸财务造假丑闻一定程度的曝光。而这些行之有效的公司治理体系既可能来自公司内部，也可能来自公司外部；既可能来自事前，也可能来自事中，甚至来自事后。

在瑞幸案例中，中国资本市场投资者所熟悉的财务报告等信息披露制度，外部审计制度和董事会自查制度等促使瑞幸在财务造假后选择自曝，发挥了不容忽视的作用。毕竟，在这些程序的履行过程中，瑞幸的任一违规行为不仅使其直接面临监管当局的处罚，还能为未来外部分散股东集体诉讼获得商业赔偿提供相应的法律证据。

如果说浑水发布的做空报告是瑞幸自曝财务造假的导火索，那么，负责瑞幸财务审计的安永则直接推动了瑞幸董事会成立独立委员会开展自查和自曝。在美股历史上，因业绩造假而导致退市的上市公司并不在少数。其中最具代表性的是2001年名列《财富》杂志美国500强第七名的安然。在财务丑闻曝光后，安然宣布破产，董事长等相关主要责任人被判监禁20年以上，并导致时为全球五大会计师事务所之一的安达信解体。在这场财务丑闻之后，美国发布了包括著名的《萨班斯-奥克斯利法案》在内的众多新法规，进一步提高了对销毁、篡改、编造财会记录以试图妨碍联邦调查和欺骗股东的惩罚力度。

安永作为安达信解体后全球“五大”变为“四大”的会计师事务所之一，当然十分清楚纵容包庇审计对象财务造假的直接后果。为了避免与曾经的竞争对手安达信同样的命运以及出于维护自身声誉的考虑，安永推动瑞幸开展自查，甚至自曝财务造假。这样做一方面避免了安永被迫决定是否出具审计报告的尴尬，另一方面则敦促瑞幸直面问题，“解铃还需系铃人”。上述猜测的一个证据是，迫使瑞幸自曝财务造假的节点选择在年报信息披露之前。一个简单的原因是，如果一家上市公司不能按时递交审计后的年报，最严重时会面临直接退市的风险。

而瑞幸董事会启动自查程序的动机在很大程度上就是安永推动瑞幸自查的动机。按照美国监管处罚规则，如果一家公司财务造假，直接组织参与造假的执行董事将受到相应的监管处罚，并做出商业赔偿，代表股东负责监督执行董事的独立董事同样需要承担相应的连带监管处罚和商业赔偿责任。瑞幸董事会为此成立了一个由3名独立董事组成的特别委员会，负责调查此前由浑水发布的做空报告。

按照相关媒体的报道，如果瑞幸披露的财务造假信息被法庭采信，财务造假重大嫌疑人瑞幸 COO 刘剑以及其他参与成员捏造的交易行为属于严重的恶意欺诈和证券诈骗，涉嫌刑事犯罪，美国证监会和司法部将会介入调查。而安永通过推动瑞幸自查和瑞幸董事会成立特别委员会启动自查，有助于上述机构和个人向资本市场和投资者表明自身对瑞幸财务造假的态度，完成与刘剑等人的切割，最大限度降低财务造假丑闻对公司的负面影响。

因而，尽管由于金融工具目标化倾向和烧钱模式扭曲了瑞幸的公司治理，但财务报告等信息披露制度、外部审计制度和董事会自查制度等常规公司治理制度在事中或事后促使瑞幸在财务造假后选择自曝，依然发挥了不容忽视的作用。

在这次瑞幸财务造假丑闻中，两种并不为中国资本市场投资者所熟知的潜在公司治理机制发挥了独特的治理作用。

一是做空机制的公司治理作用。浑水发布的做空报告是这次瑞幸财务造假自曝的导火索。浑水只是一个公开的做空平台，隐藏在浑水后面的对冲基金等做空势力先匿名提交对瑞幸的做空报告，再由浑水代为发布。这些对冲基金等做空势力在发布做空报告之前，会向券商借入股票并高价卖出，然后通过发布做空报告对相应公司股价进行打压，在股价下跌后便以较低价格买入相应的股票归还券商。股票买卖的价差构成这些对冲基金所获取的利润。做空机制的存在允许甚至鼓励主观上以盈利为目的的对冲基金有激励开展尽调，撰写做空报告的同时，客观上完成了对一家涉嫌财务造假的公司的市场监督。引入做空机制的资本市场由此成为一家公司治理状况有效的监督者。

浑水创始人卡森·布洛克在 2019 年 1 月《巴伦周刊》的专访中指出，活跃的做空力量不仅可以帮助上市公司获得更准确的定价，而且能够遏制市场中那些“恶”的行为，带来社会效益。活跃的做空者对市场来说一直是一股健康向好的力量，通过唤醒那些为有毒业务推波助澜的银行家、分析师和基金经理，防止市场变得比现在更肮脏。如果一家公司的商业模式中无法剔除有害因素，那么投资者就有义务在了解之后卖出，卖方分析师也有义务调低评级或者取消关注。“如果我们能够有效地消除财政激励措施，并确保犯下恶劣行径的人所赚的钱比他们希望的要少，那么我们就是在做好事。银行为那些可能从事有毒资产业务的公司筹集资金时将更加迟疑，分析师们则会更快地取消关注。”

中国资本市场目前尚不允许做空。而瑞幸的案例则清楚地表明，一个允许做空的资本市场能够通过引入上述市场监督环节，淘汰财务质量低劣的公司，降低金融系统性风险。做空机制的存在有助于加强公司治理的市场监督的事实同时表明，一个成熟的资本市场并不反对，甚至应该鼓励单纯以盈利为目的的投资活动；但应该规范其投资活动，避免出现激励的扭曲，使一些公司不惜财务造假，最终身败名裂。现在中国资本市场已步入“三十而立”之年，也许到了重新考虑把做空机制引入中国资本市场的时候了。

二是集体诉讼制度的潜在威慑。在普通法系所构建的对投资者权益保护的基础框架中，以集体诉讼和举证倒置为核心内容的股东对违反诚信责任的董事诉讼是其典型特征之一。集体诉讼的实质是通过激励专业律师的参与热情，提高股东发起违反诚信责任的董事诉讼成功的概率，以此实现法律对投资者权益的有效保护。

除了虚假陈述，负有披露义务但没有及时披露，由此误导投资者被一些媒体认为是瑞幸面临外部分散股东集体诉讼的一个构成要件。这事实上也是瑞幸董事会特别委员会自查发现造假行为以后，第一时间予以披露，希望以此降低其未来法律责任背后的原因。

在面临集体诉讼的市场压力下，瑞幸的总市值缩水至16亿美元。除了保险可以覆盖一部分，如果民事赔偿剩下的部分无力赔付，瑞幸则不可避免地走向破产。集体诉讼带来的巨额民事赔偿由此将可能成为压垮瑞幸的最后一根稻草。因而，外部分散股东发起集体诉讼对于一个试图财务造假、隐瞒真实业绩的公司构成了潜在巨大的威慑。让投资者感到庆幸的是，从 2020 年 3 月 1 日开始，随着《中华人民共和国证券法（2019 年修订)》的实施，集体诉讼制度正式登陆 A 股资本市场。

总结瑞幸财务造假丑闻自曝过程中各种潜在公司治理机制的角色，我们看到，尽管瑞幸由于金融工具目标化倾向和启用烧钱模式使公司治理发生扭曲，主要的内部治理机制并没有在事前发挥预期的监督作用，但迫于来自市场监督力量的做空机制和股东集体诉讼的潜在威慑，主要的内部治理机制被迫在事中和事后采取自查，甚至自曝造假丑闻。瑞幸案例给我们带来的直接启发是，对于一家上市公司的治理，仅仅依靠来自内部的监督是远远不够的，还需要来自外部和市场力量的监督。当外部的市场监督力量和内部的监督机制有机结合之时，才是一个有效规范的公司治理真正构建之日。

那么，从瑞幸“运气的转变”中我们可以得到哪些有益的启示呢?

其一，在企业发展道路选择上，避免将金融工具简单目标化，为了上市而上市，为了被并购而持续烧钱，谨记“在江湖上混，迟早是要还的”。

在对待资本市场的态度上，瑞幸不是希望利用资本市场作为实现权益融资的工具，扩大经营规模，为消费者提供喜欢的咖啡饮品，而是试图把其作为冒险家的乐园和财富管理的工具。在上市后，由于受到监管规则对禁售期限的限制，主要股东无法立即减持套现，已经启动的烧钱模式被迫持续下去，直到并购时机的出现。而怀着金融工具目标化动机的瑞幸一旦启动烧钱模式，事实上就走上了一条不归路。今天财务造假自曝的“果”在很大程度上来源于多年前金融工具目标化和选择烧钱模式的“因”。

在一定意义上，瑞幸的模式并不适合普通的企业，甚至可以说是普通投资者参与的商业冒险家的活动，而商业冒险的发展趋势必然是被迫铤而走险。这与一个企业正常经营需要承担商业风险是两个完全不同的概念。瑞幸最终以自曝财务丑闻的方式终结了金融工具目标化动机下启动的烧钱模式。

固然近年来资本市场愈演愈烈的财富管理理念和实践，为金融工具目标化的企业和个人，进而为烧钱模式的盛行提供了现实需求和生存土壤，但如果我们能够更多将资本市场回归到企业外部权益融资的实现，推广“不要把鸡蛋放在同一个篮子里”的风险规避和管理手段，淡化资本市场的财富管理功能，也许类似瑞幸的商业冒险行为会少得多，资本市场的发展也健康得多。瑞幸财务造假丑闻事实上也提醒监管当局应当在 IPO 后禁售期限、IPO 后增发间隔期限和增发对象选择，以及股东股权质押的比例和范围等制度设计上加以规范和限制，增加这些商业冒险家冒险的成本，引导更多机构投资者和个人从赚“短钱”“快钱”回归到关注企业价值投资。

其二，敬畏成熟资本市场存在的，或者来自内部，或者来自外部，或者事前发挥作用，或者事中或事后发挥作用的公司治理机制，谨记“不是不报，时候未到”。

总结瑞幸财务造假丑闻自曝过程中各种潜在公司治理机制的角色，我们看到，尽管瑞幸由于金融工具目标化倾向和启用烧钱模式使公司治理发生扭曲，主要的内部治理机制并没有在事前发挥预期的监督作用，但迫于来自市场监督力量的做空机制和股东集体诉讼的潜在威慑，主要的内部治理机制在事中和事后采取自查，甚至自曝造假丑闻。因而，今天瑞幸自曝财务造假丑闻的“不幸”不仅来自我国资本市场尚未引入市场监督力量的做空机制和刚刚实施的股东集体诉讼的潜在威慑，还来自我国资本市场投资者所熟知的财务报告等信息披露制度、外部审计制度和董事会自查制度等程序正义所带来的监督。在这些程序的履行过程中，瑞幸的任一违规行为不仅使其直接面临监管当局的处罚，还能为未来外部分散股东集体诉讼获得商业赔偿提供相应的法律证据。

当然，瑞幸的“幸”与“不幸”的故事也提醒我们，对于一家上市公司的治理，仅仅依靠来自内部治理机制的监督远远不够，还需要来自外部治理机制和市场力量的监督。当外部的市场监督力量和内部的监督机制有机结合之时，才是一个有效规范的公司治理真正构建之日。

在一定意义上，这次瑞幸财务造假丑闻的自曝标志着背离投入成本与投资回报对称原则的烧钱模式的终结。

瑞幸造假丑闻与中概股的回归

瑞幸财务造假丑闻的曝光，再加上一段时期以来美国监管当局发表的加强在美国上市的中资企业（所谓的中概股）监管的言论，使很多人担心未来中概股的集体命运。京东继阿里之后在香港二次上市的报道更使很多人感觉中概股集体逃离美国市场似乎迫在眉睫。那么，瑞幸财务造假丑闻曝光后，集体蒙羞和在一片加强监管呼声中的中概股是否会像传闻一样，“集体逃离美国”，甚至“集体走向回归中国 A 股之路”呢？

第一，针对中概股自身存在的问题，首先是把自己的事情做好。一个不容否认的事实是，从上市动机来看，一些选择在美国上市，走“南山捷径”的中概股企业比那些仅仅为了实现外部融资而谋求上市的企业动机往往更加复杂。美国市场与中国 A 股市场相比估值偏低，融资成本相对更高的事实，使得一些中概股企业为了上市而上市的动机昭然若揭。

瑞幸的财务造假与其在发展战略上所选择的违反投入成本与投资回报对称的商业原则的烧钱模式有很大的关系。瑞幸创造了从创立到上市仅仅 18 个月的纪录。事实上除了美国资本市场，很少有其他市场能够做到。因而，美国监管当局发出加强中概股监管言论并非无的放矢，而是事出有因。一些媒体引导公众认为这是美国监管当局针对中国公司的政治偏见。我认为，中概股在上市动机复杂等方面确实存在自身需要改进的问题，主要的依然是把自己的事情做好。

值得提醒的是，一些中概股企业也许看到了美国资本市场上市直接成本较低的一面，但并没有意识到美国资本市场监管严厉、集体诉讼制度完备、做空机制的市场监督力量强大等因素带来的潜在上市成本。也许一些企业并非没有意识到在美国上市上述潜在的成本，只不过心存侥幸，希望

“击鼓传花”给下一位不幸的接盘者。我们真诚希望，通过这次瑞幸财务造假丑闻，使已经登陆美国资本市场的中概股和未来打算在美国上市的企业在选择上市地这一关系企业发展战略的重要决策中变得更加理性和深思熟虑。

美国资本市场事实上奉行的是宽进严出的上市原则。类似于美国高等教育中的博士项目，申请进入博士项目也许并不难，但并不是每个进入项目的博士候选人最终都可以轻松获得博士学位。作为对照，中国资本市场早期更多奉行的是严进宽出的上市原则。通过监管当局和交易所投入大量的监管精力，加强拟上市企业上市资格审核，以至企业上市需要经过漫长的等待，甚至形成上市申请“堰塞湖”。然而，这些企业一旦上市，即使发生连续亏损，被监管当局施以特别处理的警示，也依然是有价值的“壳资源”。

我认为，目前我国积极推进的创业板的注册制和之前科创板已经实行的注册制的核心，是将上市制度从以往的严进宽出逐步过渡到监管更为有效的宽进严出。这样做的好处是，一方面，监管当局可以从以往需要大量事前审核中解脱出来，加强监管实践中更加重要的事中监督和事后惩罚；另一方面，监管可以更多交给更有效率的市场来完成，以此加强对上市公司的监管，提高总体的监管效率。而瑞幸财务造假丑闻曝光对正在推进的创业板注册制的一个启发是，也许我们并不能防止一粒，甚至几粒老鼠屎混到粥里，但一个成熟的市场一定有能力将其识别出来，并及时清除出去。

由于消除了资格审核等不确定因素，减少了企业上市排队等候的时间，降低了总体上市成本，我们认为，科创板注册制的推行将使上市变成我国越来越多企业发展战略的理性选择行为。而上述制度改革带来的上市门槛的降低在提高上市公司质量的同时，也会在客观上间接改善中概股上市公司的质量。

第二，这次瑞幸财务造假的曝光并非来自美国监管当局的监管，而是来自做空机制的市场监督。回顾瑞幸财务造假丑闻自曝过程，我们看到，尽管瑞幸由于金融工具目标化倾向和启用烧钱模式使公司治理发生扭曲，主要的内部治理机制并没有在事前发挥预期的监督作用，但迫于来自市场监督力量的做空机制和股东集体诉讼的潜在威慑，主要的内部治理机制在事中和事后采取自查，甚至自曝造假丑闻。令人印象深刻的是，浑水的做空报告成为促使负责瑞幸财务审计的安永推动瑞幸董事会成立独立委员会，围绕浑水做空报告指控的事项开展自查和自曝的导火索。

因而，瑞幸自曝财务造假丑闻的压力主要来自做空机制的市场监督力量和股东集体诉讼的潜在威慑，并非来自发布加强中概股监管资讯的美国监管当局的监管。换句话说，对于财务造假的监督，成熟资本市场主要并非依靠监管当局的加强监管来实现，更多是通过植根在资本市场中的各种内外部公司治理机制自动发挥监督作用。

2020 年是中国资本市场建立 30 周年。进入“而立之年”的中国资本市场在借鉴学习各国资本市场经验中不断走向成熟。从 2010 年开始，我国 A 股市场开始试行融资融券制度。理论上，融券机制为投资者提供了卖空股票的渠道，因而融券机制被认为是 A 股市场结束了长达 20 多年的“单边市”格局的所谓的卖空机制。然而，我们注意到，在我国资本市场中，只有部分标的股票允许融券，而允许开展融券业务的也仅限于部分符合资格条件的券商，并没有覆盖市场大多数交易者，导致流动性提供功能在允许融券后没有实质的提升。与此同时，相比于融券利率为零的香港市场和美国市场，A 股市场平均融券利率高达 10.26%，融券成本过高。截至 2019 年 9 月，即使在融券交易最活跃的月份，A 股市场的融券卖出量在交易股数中的占比也仅为 2.67%。因而，尽管 A 股市场允许融券，在一定意义上允许做空，但这并非是浑水意义上的做空机制，其市场监督作用和治理角色还有待改进。

2020 年 3 月开始实施的新的证券法也把这次在瑞幸财务造假自曝中发挥重要威慑作用的集体诉讼制度引入中国 A 股市场。只是略感遗憾的是，集体诉讼制度并没有配套举证倒置。因而，我国资本市场如何利用类似浑水意义上的做空机制来加强市场监督，通过股东集体诉讼形成违规威慑等依然有很长的路要走。

值得赞许的是，这次瑞幸财务造假事件曝光后，我国监管当局加强监管查处的表态十分明确且及时。而新证券法中所涉及的长臂管辖等条款已经为我国资本市场监管当局加强中概股的监督提供了基本的法律依据。因而，瑞幸造假的监管处罚一方面是重新建立中概股声誉的时机，另一方面也是各国资本市场监管机构加强相互协作的良好试验场。

第三，中概股更多只是一个分类学意义上的概念，并不具有实质的监管含义。也许很多读者同样注意到，不同的中概股企业之间不仅缺乏集体行动的缘由和逻辑，而且很多竞争大于合作关系的企业之间甚至很难建立协调机制，从而使中概股企业行为难以表现出某种一致性。而中概股企业所表现出的各种典型市场行为，更多的是各个企业根据自身的经营状况，依据商业原则灵活做出选择的结果。我们以上市为例，当一些企业选择变相回归中国 A 股时，一些企业选择继续在美国上市，还有一些企业选择在保留美国第一上市地的同时，在香港等地进行二次上市。

特别值得强调的是，在中概股中，同样是财务造假，其背后发生的原因可能是不同的。例如，瑞幸财务造假在很大程度上是前期烧钱模式的必然选择，而同期曝光的好未来从造假的金额和内容，以及曝光的时机选择来看，更可能仅仅是针对高管的薪酬激励计划设计的扭曲所致（有待进一步观察）。事实上，财务造假即使在美国资本市场也屡见不鲜。2020 年 4 月 30 日，长期看空特斯拉的绿光资本创始人埃因霍恩再次发难特斯拉，指出其存在财务造假的可能。当日，在埃因霍恩发出质疑后，特斯拉股价掉头向下，盘中振幅超过 13%。5 月 1 日，特斯拉继续大跌，收跌 10.30%，报 701.32 美元，市值为 1 300 亿美元，较前一个交易日蒸发 136 亿美元。

由于低上市门槛、公开透明的监管政策、高效便捷的融资服务，美国资本市场依然对很多中概股企业具有吸引力，因此，我认为为数不少的中概股并不会轻易放弃美国资本市场。我同时认为务实的美国监管当局和做空机构也仅仅只会针对存在问题的中概股企业，并不会把所有的中概股一棍子打死。因为这样做显然不符合它们的利益。一个无法否认的事实是，中概股中确实有很多中国最优秀的企业，甚至有很多独角兽企业。这也是中国进行一系列上市制度改革欢迎中概股回归 A 股的原因。

因而，尽管受瑞幸财务造假丑闻的影响，中概股会集体蒙羞，但这并不意味着中概股在未来一定会遭受歧视性监管，更不意味着未来中概股将必然集体走向回归中国 A 股之路。

烧钱模式的“成败之间”

毫无疑问，瑞幸曾经是“幸运”的。这不仅在于它用不到 2 年的时间看似走完了星巴克近 20 年走过的路，创造了迄今为止从创立到成功 IPO 的最快上市纪录；还在于，它迎合了中国快速崛起的主流意识形态，搭上了互联网时代共享理念和独角兽元素包装后的独角兽发展的便车。然而，瑞幸又是“不幸”的。瑞幸从美国被退市和陆正耀本人面临的公诉和刑事追责这一“果”在很大程度上是瑞幸在发展过程中选择烧钱模式这一“因”导致的。

客观地说，瑞幸只是近年来采用烧钱模式的众多独角兽企业中的一家。回顾瑞幸发展的历程，也许我们可以把烧钱模式的特征概括为以下几个方面。

首先，以远远超过同行业头部企业的速度快速扩张。从 2018 年 1 月试运营，截至 2020 年 5 月 12 日，瑞幸咖啡门店总数达到 6 912 家，平均每天新开 8 家门店左右。如果新开一家店的成本像瑞幸估算的 120 万元，这意味着瑞幸单用于新店开张的投入每天就需要近 1 000 万元。作为对照，1999 年开始进入中国的星巴克，用近 20 年时间才开设 3 600 多家门店；而 2006 年进入中国市场的英国连锁咖啡品牌 Costa 在中国仅有 450 家门店。

其次，短期内大量的外部融资需求。在先后完成天使轮、A 轮、B 轮和 B 轮＋的融资后，瑞幸于 2019 年 5 月 17 日在美国纳斯达克成功上市。成立两年来，瑞幸通过股权融资筹集资金 7.5 亿美元，通过各种借贷累计融资 12.85 亿美元。

再次，脱离成本收益核算的消费补贴。致力于"做每个人都喝得起、喝得到的好咖啡"的瑞幸在经营战略定位上，明确将门店从以往"成本和利润中心"转化为"用户的履约中心"，采用"线上获客＋线下门店履约"的核算方式。通过技术平台打通前后端，瑞幸的销售流程被完全自动化和线上化，员工只需要把咖啡做好。而在销售策略选择上，瑞幸采用用户下载注册 App 首单免费、买二送一、买五送五、邀好友再免单、送 1.8 折大师咖啡优惠券等形式多样的补贴来吸引用户注册下单。在用户注册购买后，还会收到各种优惠短信，刺激重复购买，增加用户黏度，希望以此带来用户爆发式增长。

最后，不计成本的营销宣传。瑞幸一度邀请汤唯和张震两大当红艺人作为品牌代言人，并"怒砸" 3 亿元在分众电梯媒体、分众影院等广告上，希望以此快速进入消费者视野，提高瑞幸品牌认知度。

在上述烧钱模式下，读者对瑞幸陷入亏损严重，急需大量现金流补充的窘境并不难想象。按照瑞幸 2020 年初公开披露的财报，2018 年瑞幸全年净亏损 16.19 亿元，2019 年前三季度瑞幸共计亏损 17.649 亿元（第一季度 5.52 亿元，第二季度 6.81 亿元，第三季度 5.319 亿元）。这意味着，2019 年前三个季度的净亏损已经超过 2018 年全年。瑞幸前 CEO 钱治亚对此的解释是，"通过补贴迅速占领市场是我们的既定战略，亏损符合瑞幸的预期，会持续补贴 3～5 年，目前不考虑盈利"。

一些读者也许注意到，滴滴、ofo、摩拜、丰巢、途歌、淘集集、美团等独角兽企业在发展早期，都不同程度地采用了类似于瑞幸的烧钱模式，大量补贴消费，短期不追求盈利。一个自然而然的问题是：为什么同样是烧钱，有些独角兽企业成功了，而包括瑞幸在内的一些企业却失败了？那么，烧钱模式“成败之间”的边界究竟应该如何确定呢?

烧钱模式成功的关键在于，通过早期烧钱形成未来稳定的盈利模式，使钱最终没有“白烧”。也许，从瑞幸、美团和滴滴等有限的案例对比中，我们可以简单总结归纳在烧钱之后一个独角兽企业盈利的稳定性来自哪里，尽管我始终清醒地意识到，目前可能并非进行最终总结的最佳时机。概括而言，一个独角兽企业烧钱之后未来盈利的稳定性可能主要来自以下几个方面。

第一，从静态看，没有基于网络外部性的瑞幸烧钱模式并未突破传统产业发展所面临的边际收益递减（成本递增）魔咒。

虽然用互联网时代的独角兽理念和独角兽资本市场元素进行包装，但瑞幸的主营业务咖啡饮品制作和销售依然属于传统餐饮行业。同样是烧钱，美团核心业务是依靠互联网技术和物流服务，解决客户和餐饮服务提供商之间的信息不对称和消费供应脱节问题。它没有像瑞幸那样，开实体店。虽然瑞幸咖啡在营销，甚至支付结算等方面，都采用了互联网技术和理念，但实体店的开设依然无法借助网络外部性，走出传统产业规模成本递增的魔咒。具体而言，瑞幸一家希望覆盖 2 平方公里的实体店（以北京市为例，瑞幸咖啡从东城区、西城区平均不到 2 平方公里即有一家门店，到丰台区、石景山区以及远郊区等平均超过 12 平方公里才会有一家门店)，如果它的消费客户群体无法支撑前期的固定成本和经营成本支出，那么它必然是亏损的。一家门店如此，其他门店同样如此。

反过来，作为对照，美团基于互联网形成的网络外部性，把客户和餐饮提供商原本由于信息不对称无法完成的消费交易，借助美团这一平台得以实现。而网络在很大程度上突破了空间和时间的限制，在更大的地理空间范围内，在更长的餐饮时间段上，促成众多消费者和餐饮提供商之间的消费交易，从而形成所谓的网络外部性。尽管物流作为传统产业同样受到上述规律的限制，配送范围对美团而言并非无限，但由于不涉及实体店的开张，美团能够借助互联网技术实现的网络外部性，在一定程度上抵消和克服边际收益递减和边际成本递增的问题，由此形成了相对稳定的盈利模式。

我有时在想，如果瑞幸当初不选择烧钱的发展模式，而是选择类似于星巴克的实体店，“做每个人都喝得起、喝得到的好咖啡”，成为“国内咖啡第一品牌”，根据客户的需求，成熟（收益足以覆盖成本）一家，开设一家，也许我们今日看到的将是不同的瑞幸。因而，瑞幸烧钱模式的失败在很大程度上源于以互联网理念堆砌外表，在实质上却依然从事传统业务经营，并没有跳出传统产业规模报酬递减的魔咒。由于收益最终无法覆盖成本，瑞幸不可避免地走向失败的命运。

第二，从动态看，瑞幸不可能通过建立进入壁垒，形成一定程度的事实垄断，用未来的高额垄断收益反哺烧钱模式下的大量前期投入。

传统上，由于进入的门槛并不高，流通地域限制形成的地理空间分割和不同地区饮食习惯的差异使得餐饮业企业很难形成长期垄断。作为对照，滴滴和美团通过前期烧钱培养的客户消费习惯和编织的庞大用户和服务提供商的网络，会形成客户消费的路径依赖。尽管依然是鲍莫尔所谓的并未完全阻止竞争的可竞争市场，但无疑它们会在一定时间和空间内形成具有垄断属性的市场，今天烧钱的亏损也许可以通过明天的盈利来弥补。

第三，从空间看，瑞幸并不能通过形成成熟的产业链，使得下游产业的亏损通过上游产业的盈利来弥补。

客观地说，瑞幸在重构产业链上并非没有进行积极尝试。例如，瑞幸在咖啡之外，尝试推出轻食、酸奶、小鹿茶、果蔬汁、周边潮品等新的产品；在销售模式上推出无人零售机等营运方式。但上述工作在很大程度上只是在延伸轻食等产品或无人零售机等服务的产业链，并没有形成瑞幸自身独一无二、不可替代的产业链，更没有形成反哺咖啡销售补贴亏损的产业链。

由于并不能从（时间）静态、（时间）动态和空间三个方面建立反哺前期烧钱投入的有效机制，瑞幸的烧钱模式变得不可持续，不可避免地走向财务造假、公司被监管当局强制退市、面临中小股东的集体诉讼、造假当事人面临刑事追责的失败之路。

尽管一些同样没有很好解决上述问题的独角兽企业幸运地被收购（例如，在快递柜市场，丰巢与作为中邮速递易运营主体的中邮智递进行股权重组。交易完成后，中邮智递将成为丰巢网络全资子公司），但更多类似的企业将被迫退出市场，以此终止不可持续的烧钱模式。与有限的被并购案例（摩拜被美团收购、中邮智递被丰巢收购）相比，被迫退出的独角兽企业数量更多。例如，共享单车的 ofo、共享汽车平台途歌如此，曾经半年累积 1 亿用户，从上线服务到并购重组失败、宣告破产只存活了 1 年多的电商平台淘集集同样如此。

从瑞幸案例中我们看到，未能从静态、动态和空间三个维度建立反哺前期烧钱投入的有效机制的瑞幸烧钱模式也许并不适合绝大部分企业，目前尚不能成为一种可复制的成熟的商业模式。在上述意义上，瑞幸财务造假曝光和退市在一定程度上也标志着上述烧钱模式的终结。

中国真的存在做空机制吗?

瑞幸事件使很多人注意到美国市场存在的一种独特的公司治理监督力量，那就是以盈利为目的的做空机构的市场监督。例如，瑞幸的财务丑闻就是浑水发布做空报告后，在瑞幸外聘的审计机构安永的推动下，开展董事会的自查，最终曝光的。

2010 年我国资本市场推出融资融券制度，被称为证券信用交易的融券本身允许借证券来卖，然后以证券归还，具备在证券公司出借证券给客户出售后，客户到期返还相同种类和数量的证券并支付利息进行卖空操作的可能性。因而，融券制度在我国资本市场的推出被认为是我国资本市场允许做空的开始。

一些学者在已经完成的经验研究中表明，融券这一所谓的卖空机制在一定程度上缓解了我国上市公司与外部投资者之间的信息不对称，降低了股票价格的波动性，同时提高了股票流动性，因而融券卖空机制的引入提高了我国资本市场的定价效率。一些研究甚至表明，融券这一卖空机制的引入，使做空机构扮演了重要的市场监督角色，提升了我国上市公司的治理效率，改善了我国企业投资决策和融资决策的有效性。我们的问题是，中国资本市场真的存在做空机制吗?

我们的担心是，也许允许融券只是使我国资本市场具备了做空机制这一重要的市场监督力量的“外形”，但由于以下几个方面的原因，而缺乏其实质。如何形成成熟有序的做空机制也许是我国资本市场制度建设未来努力的重要方向。

首先，监管当局对“裸卖空”的不允许。

其一，目前，我国由于担心虚增证券交易数量，尚不允许没有交收保障的裸卖空。这使得具备做空功能的融券制度在一定程度上演化为单纯的融资手段。投资者可以通过向证券公司融券，扩大交易数量，形成财务杠杆效应。其二，目前，我国获批成为融券标的的股票数量有限。从 2010 年 3 月 31 日开启融资融券试点工作到 2020 年 7 月 30 日为止，我国资本市场一共进行了 7 次扩容实验。标的股票从最初的 90 只到 2020 年 7 月的 1 600 只。那些成为融券标的股票的往往是那些经营稳定业绩优良的企业。而那些在成熟市场往往容易被确立为做空对象的各种 ST（特别处理）的股票在我国并不允许开展融券业务，因而成为做空的对象几乎无从谈起。其三，2015 年下半年 A 股市场多次出现千股跌停后不久，监管当局为防止市场交易进一步失序，对融券交易实施了严格的打压遏制，致使之前实行的融券 T+0 制度转变为 T+1，券商交易停滞不前，整个融券交易状况一度陷入低迷。例如，沪深交易所宣布对 24 个存在重大异常交易行为的账户采取限制交易措施，司度（上海）贸易有限公司是被限制交易的账户之一。2017 年 5 月，中信证券、海通证券、国信证券集体公告称，因此前违规向上海司度提供融资融券业务，证监会做出行政处罚，对中信证券、海通证券、国信证券、国信期货分别罚款 3.08 亿元、254 万元、1.04 亿元、

54.08万元，没收违法所得，并对相关责任人给予警告及罚款。然而，2018年11月5日晚，上述三家机构公告称，收到中国证监会结案通知书，认为公司与上海司度融资融券相关业务涉案违法事实不成立，决定该案结案。我们看到，尽管监管当局对涉嫌违规操作的机构快速查处以撤销处罚草草收场，但监管当局对于做空的打击态度至今仍令很多投资机构心有余悸。

其次，相关投资机构出借证券意愿不强烈。

寿险和公募基金等投资机构虽然持有大量可用于出借的证券，但由于股息差异红利扣税，股息红利的收入有时甚至不足以补偿支付的佣金，因而本身出借证券的意愿并不强烈。为此，2019年8月9日沪深两地交易新修订的两融交易细则进一步明确证券出借股息红利要求；自2020年3月16日起，证券出借人参与转融通证券出借业务的，其持有证券的持有期计算不因出借而受影响，可有效避免基金出借证券时因重新计算持有期而触发股息差异红利扣税，以此增强机构投资者的出借意愿。

最后，具有做空实力和专业素质的私募等机构投资者不冒头。

如果说在瑞幸财务造假事件中我们能清楚地看到做空机构浑水的身影，在港交所飞鹤的做空案例中我们能够意识到做空机构“杀人鲸”Blue Orca的存在，那么，在2015年股灾中涉嫌做空的机构究竟是哪些，它们做空的又是哪些特定的股票？从监管当局对涉嫌做空机构前后判若云泥的处罚中不难看到，至少在目前阶段，上述问题无解。这事实上是包括我在内的很多学者质疑中国资本市场究竟是否存在标准意义上做空机制背后的原因。

我们知道，全球知名的私募投资机构在我国资本市场都设有代表处，加上我国本土注册成立的各种公募和私募投资机构，具备做空业务开展资质的机构从数量上看不在少数。但由于上述的三个方面，从目前开展的实际业务来看，即使涉及做空业务，也更多是利用股指期货对指数类产品开展做空业务，鲜有具体的投资机构针对特定标的股票围绕特定事件开展做空业务的例子。

上述三个方面作用的结果是，从融券余额占A股流通市值的比重看，虽然近年来出现上升趋势（最高达0.035%），但比重仍然较低，长期徘徊在0.02%左右。因此，期待交易量如此之小的融券发挥做空机制可能扮演的上市公司市场监督力量，无疑是望梅止渴式的不切实际。在上述意义上，我国资本市场允许开展融券业务只是在理论上具备存在做空机制的可能性，但由于监管当局对裸卖空的不允许、机构投资者出借证券意愿的不强烈以及具有做空实力和专业素质的私募等机构投资者的不冒头，至少在目前，我国资本市场并不存在真正意义上的做空机制。

正如很多投资者和研究者所期待的那样，做空机构的存在不仅有助于提高资本市场的定价效率，而且有助于加强对上市公司治理的市场监督。也许放松监管可以使机构投资者出借证券变得有利可图，主观上希望做空盈利，但客观上扮演市场监督角色的投资机构敢于冒头。建立成熟有效的做空机制是我国资本市场发展的重要方向。

值得期待的是，2019年8月9日颁布的沪深两地交易新修订的两融交易细则，规定提高标的中的中小板、创业板股票占比，取消维持担保比例130%的底线，平仓线不再一刀切，交由券商和客户自主商定；在维持担保比例的计算方法中引入其他担保物，降低客户平仓概率等。

而此前不久，证监会和上交所在针对科创板的相关政策规定中多次强调要实现券源扩容、流程提效、费率市场化，从丰富券源、设立转融券约定申报提效、确定市场化的费率和期限等方面突破转融券制度，以更为市场化的交易规则开启融券优化制度。例如，所有科创板公司在上市首日即可作为融券标的，并且允许符合条件的公募基金、社保基金、保险资金和战略投资者等机构通过转融通机制出借科创板股票；出借及转融券可通过约定申报实时撮合成交且费率和期限由市场确定；明确证金公司可借券给证券公司供其用于做市与风险对冲。也许不久的将来，中国资本市场能够出现真正意义上的做空机构，形成真正意义上的做空机制，并使做空机制成为加强公司治理的重要的市场监督力量。

股权纷争篇

3

当当网：公章抢夺背后的股权纷争

从公司治理角度重新解读当当网公章抢夺事件，我们或许可以从中看到中小股东在非公众公司中维护自身投资权益过程中的无助和无奈。这次事件反过来对“李国庆们”的一个教训是，如果经过“先小人后君子”的控制权设计，则公司控制权不是用来争夺的，而是用来放弃的。如果李国庆和俞渝这样无休止地纷争下去，一个可以预期的结果是，影响的不仅仅是当当网的正常经营，而且最终会使他们每个人的利益受到损害。这事实上也是每一个与当当网有业务往来的客户和在当当网购书的读者都不愿意看到的结果。因此，当当网控制权纷争也许需要寻求新的解局之道。那么，如何才能在家庭纠纷和公司经营之间建立一道隔离带和防火墙？

如何保护非公众公司的中小股东权益？

当当网公章抢夺事件是瑞幸财务造假丑闻曝光同期颇为吸引公众眼球的典型公司治理事件之一。在强调文明和法制的今天，很多人对创始人和前 CEO 李国庆以“准暴力”（李国庆率领四个“黑衣大汉”）方式抢夺当当网公章不以为然。如果换一种视角，从公司治理角度重新解读这一公章抢夺事件，我们或许可以从中看到，这一事件背后更多体现的是中小股东在非公众公司中维护自身投资权益过程中的无助和无奈。

首先，尽管股东通过集体享有所有者权益，成为公司治理的权威，使董事在法律上向全体股东负有诚信责任，但从各国公司法立法和实施情况来看，不同持股比例导致的实际控制权的掌握使同样的股东所处的法律地位不同，掌握实际控制权的大股东在公司治理中具有优势是不争的事实。因而，在公司治理理论和实践中一个看似永恒的公理是控制权始终是重要的。而当当网公章抢夺事件从另一个角度表明公司控制权的重要性。数十枚公章显然并非李国庆此次行动的目的，他真正的目的是取得在我国制度背景下具有特殊含义的公章所表征的公司控制权。

我们知道，保护不具有私人信息，从而在信息不对称的分布中处于信息不知情地位和弱势的中小股东的权益是公司治理理论和实践开展的逻辑出发点。事实上，无论是上市的公众公司还是类似于当当网目前私有化后退市的非公众公司，如何保护中小股东的权益始终是各国公司法以及相关公司治理制度制定和实施的重点。例如，各国公司法围绕小股东是否有权发起特别股东大会、是否有权提名董事以及以累积投票的方式选举董事、是否允许集体诉讼制并要求举证倒置等内容和主题做了大量的规定。

尽管有如此多的规定，但类似于李国庆这样的小股东如何才能有效地表达自己的诉求，使自己的投资权益得到有效保护呢？是通过在股权分配中并不占优，甚至由于离婚协议尚未达成而存在争议的持股比例来召开特别股东大会，还是像很多人所鼓吹的那样，走“道阻且长”的漫漫司法诉讼之路？

其次，如果说在公司治理的理论和实践中，保护不具有实际控制权的中小股东权益始终是公司治理面临的挑战，那么，对于非上市公司的中小股东权益保护更是难上加难。如果是上市公司，作为公众公司，它需要履行严格的信息披露义务，同时受到监管当局和资本市场的监督。如果各国公司法规定的各项权利由于法律实施成本太过高昂，则中小股东可以选择“以脚投票”。而一些关键股东（如当当网的李国庆）减持甚至彻底退出，则是向资本市场发出强烈的信号。我们发现，关键股东希望对违反诚信责任的董事惩罚有时不是通过法庭而是通过资本市场轻松实现的。然而，十分不幸的是，当当网多年前实行私有化，目前是只有少数股东的非公众公司，既缺乏像上市公司一样来自监管当局和市场的监督压力，又缺乏“以脚投票”的退出机制。如果当当网像李国庆向媒体所指控的那样“具有分红的能力却长期不分红”，在非公众公司的中小股东又能怎么样呢？因为公司法规定，“除非董事会做出承诺，否则发放股利不是公司的义务”。

在上述意义上，我们可以在一定程度上理解，李国庆的准暴力抢公章行为在很大程度上是出于目前的法律和公司治理制度对投资者权益保护不足和缺失的“无奈之举”。当然，我们并不鼓励和支持以暴力途径来解决本来应该在法制轨道上解决的问题。

我们注意到，李国庆在当当网股权结构的地位特别类似于上市前风险投资者的地位。但读者不要忘记的是，风险投资者是通过“把鸡蛋放在不同的篮子里”合理配置资产和基于对赌协议等严格的契约来分担风险，对特定项目甚至抱着血本无归的态度。换一种并不完全准确的说法，不是风险投资者的李国庆却在这里干着风险投资者的行当。

因此，这次当当网公章抢夺事件事实上向我国公司治理和法与金融理论及实务界提出了一个非常严重和现实的挑战。那就是，类似于李国庆的非公众公司的中小股东，公司治理和其所依据的公司法究竟应该如何更加有效地保护他们的权益？除了上述直接提出的挑战，当当网公章抢夺事件也许给公司治理理论和实践的启发有以下两点。

第一，我们也许需要重新认识和评估资本市场（上市和退出机制）对于法律上更加有效保护投资者权益的特殊价值和重要意义。哈佛大学安德烈·施莱弗领导的法与金融研究团队强调投资者权益保护程度是决定一国公司治理模式选择和导致各国金融发展水平差异的根本力量。而从当当网公章抢夺事件中我们看到，由于上市得以凭借的资本市场的存在，“以脚投票”的中小股东投资者权益保护的总体成本在下降，而有效性在提高。这也许是当初做出当当网退市决定的李国庆始料未及的，甚至会成为李国庆一生中最后悔的决定之一。在上述意义上，我们倾向于认为资本市场（上市、控制权转移和退市）运作的成熟与投资者权益的保护存在互补关系。

众所周知，我国的很多优秀企业选择不上市的一个理由是避免控制权的纷争。而让这些企业没有想到的是，也许只有上市并形成良好的退出机制，才更有利于他们手中控制权的保护。这也许是这次当当网公章抢夺事件带给这些公司的直接启发之一。

第二，这次事件反过来对“李国庆们”的一个教训是，如果经过“先小人后君子”的控制权设计，则公司控制权其实不是用来争夺的，而是用来放弃的。一个典型的例子是近年来在主要资本市场开始流行的发行同股不同权架构股票的投资者。在推出对持有同股不同权的B类股票的流通和退出做出必要限制的日落条款之后，这些拥有与持股比例不匹配的低投票权，甚至没有投票权（美国Snap公司发行的ABC三重股权结构股票的例子）的A类股票的持有人，可以把投票权配置权重向那些致力于业务模式创新的创业团队倾斜，甚至部分放弃原本属于自己的投票权。

这里需要提醒读者的是，上述股权结构设计依然是建立在成熟的资本市场环境中，与我们之前强调的资本市场存在助力投资者权益保护的观点一致。同股不同权架构在实践中经过上百年的不断磨炼和试错，在对投资者权益保护不足的指责中，逐步成为促进所有权与控制权有效分离和专业化深度分工的控制权制度安排，其中，日落条款的成熟居功至伟。这也使我们反过来看到，正是由于法律环境的改善和法律对投资者权益保护的加强，资本市场出现了这样一种更有利于基于专业化分工的效率提升的公司控制权安排范式。人类对于控制权的态度，开始走出打打杀杀式的争夺，走向基于效率提升和专业化分工的控制权让渡和合理安排。因而，法律环境和资本市场是相互影响和相互促进的。

我国资本市场的科创板已经允许发行同股不同权架构股票上市，那么，我们离终结打打杀杀式的控制权争夺还有多远?

家族信托基金与当当网控制权纷争的解局

如果李国庆和俞渝无休止地纷争下去，一个可以预期的结果是，影响的不仅仅是当当网的正常经营，而且最终会使他们每个人的利益受到损害。这事实上也是每一个与当当网有业务往来的客户和在当当网购书的读者都不愿意看到的结果。因此，当当网控制权纷争也许需要寻求新的解局之道。那么，如何才能在家庭纠纷和公司经营之间建立一道隔离带和防火墙？

当当网的控制权纷争大剧进入第二季。2020 年 7 月 7 日，当当网官方微博称，“李国庆再次诉诸武力，带二十多人，清晨强行进入当当，撬开多处保险柜，拿走资料”。而李国庆则公开表示，携董事及代理 CEO 等高管依法接管当当网，并开始办公。这次李国庆显然没有上次那么“幸运”。按照警方的通报，“李某庆”等 4 名违法行为人由于“采取强力开锁、限制他人人身自由等方式扰乱了该公司正常工作秩序”，而被朝阳公安分局依法行政拘留。在此前 4 月 26 日上演的控制权纷争的第一季，李国庆“闯入当当网办公区，抢走几十枚公章、财务章”。在当当网报警后，李国庆虽然接到了北京市警方的问询调查，但最终以“取走公章难以界定”为由而不了了之。

本文无意讨论为什么同样的“暴力抢夺”会在两季演出中获得警方截然不同的判决。正如在第一季成功夺得公章的李国庆并未由此获得当当网的控制权一样，第二季警方相关判决也并不意味着李国庆和俞渝的控制权之争就此可以画上句号。多名法律人士睿智地指出，法律诉讼已经成为他们婚姻纠纷及当当网股权之争为数不多的解决途径。那么，法律诉讼当真会成为当当网控制权纷争解局的途径吗？

如同李国庆两次“暴力抢夺”遭受警方不同的判决一样，法律诉讼解决途径的前景在短期内同样不明朗。例如，在李国庆与当当网围绕李国庆的雇佣地位，从而公司内部人身份确认的纷争上，当当网称，2019 年 2 月接受李国庆的辞职，10 月 7 日起已停止为李国庆缴纳社保。因此，当当网已经与李国庆“终止劳动合同”；而在李国庆看来，他们只是“当当董事长李国庆携董事及代理 CEO、政府事务副总、人力资源副总、市场副总、财务法务副总等依法（股东会决议、董事会决议、公司章程）接管当当并开始办公，希望俞渝配合交接，相信司法公正”。

再如，围绕李国庆和俞渝两人合计所持的 91%左右的当当网股份分割的纷争上，按照李国庆的说法，两人曾达成协议，俞渝以 80 亿元的价格买断李国庆手中 45.5%的当当网股权，首付为 8 亿元。俞渝本应在 2 月就开始支付首付款，“但随着疫情的暴发，俞渝以此为理由拒绝支付，并表示对于股权总值和首付，都需要重新考虑”。

理论上，“股权作为夫妻共有财产，夫妻双方各自分得一半实属天经地义”（李国庆）。尽管李国庆于 7 月 7 日在个人微博上留言，“如果我们无法就财产分割达成协商一致的话，那还是交由法庭判决”，但李国庆一而再地诉诸“暴力抢夺”。他事实上是在用自己的行动表达对法庭判决有效性的怀疑。一些律师猜测，“李国庆可能会进一步采取其他手段，迫使俞渝方坐下来，双方再次进行协商谈判”。

如果李国庆和俞渝这样无休止地纷争下去，一个可以预期的结果是，影响的不仅仅是当当网的正常经营，而且会最终使他们每个人的利益受到损害。这事实上也是每一个与当当网有业务往来的客户和在当当网购书的读者都不愿意看到的结果。因此，当当网控制权纷争也许需要寻求新的解局之道。

7 月 7 日晚间，俞渝发布了一封全员内部信，她表示：“我愤怒李国庆把婚姻法带入公司法，不断折腾我们的公司。”那么，如何才能在家庭纠纷和公司经营之间建立一道隔离带和防火墙，避免“把婚姻法带入公司法”呢？他们也许可以考虑设立家族信托基金，以此为当当网的控制权纷争解局。

所谓家族信托基金，是指以家庭作为委托人，与信托机构作为受托人签订信托合同，将家庭所持有的特定形式财产的所有权交付信托机构。信托机构按照委托人的意愿投资管理信托财产，将经营收益按照事先的约定交付委托人或委托人指定的受益人。按照中国信托法的相关规定，授予信托一经生效，信托财产即从委托人、受托人和受益人的自有财产中分离出来，成为独立运作的财产，从而更好地实现家族财富管理、传承、保护和风险隔离的目的。

无论是李国庆还是俞渝，都多次强调当当网的正常经营不受两季控制权纷争大剧的影响。例如，李国庆说："当当顾客的购买与供应商结算，都不会受影响。我们尊重法律的程序，相信法律的正义。"这事实上是李国庆和俞渝设立家族信托基金的基础。成立了家族信托基金，一方面，可以避免家庭婚姻纠纷延伸到当当网的正常经营，影响其正常的经营管理。家族信托基金下的当当网，在两人同时退出当当网的日常管理后，由信托基金聘请和监督下的职业经理人来经营。另一方面，家族信托基金下的当当网将基于家族、信托机构和聘请的职业经理人专业化分工，各司其职各尽其能，会使规范化的企业经营管理效率得到进一步提升。

这一解局之道在当当网控制权纷争的初期，李国庆和俞渝双方未必同意。但经过两季的控制权纷争的大剧，以及未来可能存在的没完没了的肥皂剧，现在也许到了他们认真考虑这一方案的时候了。这也许才是目前为数不多的打破当当网控制权纷争的僵局，对双方都有利的较为合理和可行的途径。

家族信托基金在隔离家庭纠纷和企业经营，解决家族企业传承中普遍面临的信任（由于亲缘关系，家族成员更容易获得信任）和能力（但在养尊处优环境中成长的家族成员往往能力不足）冲突问题中扮演极为重要的角色。委托人把资产注入信托之后，即在法律上完全丧失该资产的控制权。

一个例子是以家族信托基金实现财富百年传承而著名的美国洛克菲勒家族。洛克菲勒曾经在自传中对信托委员会强大的权力颇有抱怨。因为在处理有关洛克菲勒集团有限公司的事项时，信托委员会绕过了公司的董事会，直接向管理层传达了指示并得到了执行。在中国，很多富裕家族都设立了家族信托基金。例如，王永庆为规避遗产纷争所设立的家族信托，李嘉诚所设立的股权传承家族信托和家族基金、邵逸夫设立的慈善家族信托，蒙牛集团牛根生设立的慈善家族信托、SOHO中国潘石屹夫妇的家族信托以及龙湖地产吴亚军夫妇的家族信托等。

因此，对于家族企业由于家庭婚姻纠纷出现的控制权纷争，双方首先应该想到的是成立家族信托基金，将家庭纠纷与企业经营隔离开，避免由于家庭婚姻纠纷影响企业的正常经营，最终使家族整体利益受到损害。这也许应该成为发生控制权纷争的双方的共识，而不是立即去寻求前景在短期内并不明朗的法律诉讼，当然，更不是以准暴力手段去“抢公章”和“抢文件”。

4

万科：分散股权时代的来临

2015 年万科股权之争除了使每一家上市公司真实感受到外部接管的威胁之外，也在一定程度上昭示着中国资本市场分散股权结构时代的来临。如何使在分散股权结构下的上市公司形成合理的治理架构成为中国资本市场公司治理理论界与实务界需要迫切思考和亟待解决的问题。

万科股权之争爆发的时代背景

2015 年万科股权之争的发生并非偶然。随着中国资本市场进入后股权分置时代，全流通为以股权变更实现资产重组带来便利，这使得分散股权结构的形成具有可能性。而 2014 年以来中国资本市场频繁发生的“小股民起义”使我们感受到股权结构多元化并不遥远。很多第二大股东通过在二级市场公开收购股票，一举成为控股股东，从而引发所谓的“小股民起义”，个别公司甚至同时出现两个董事会。目前中国在国有企业改革进程中积极推进的混合所有制改革，通过并购重组实现去产能、国企改革从管企业到管资本的国有资产管理理念转变以及缩短国企金字塔结构控股链条等举措，进一步为分散股权结构时代来临提供了积极的政策环境。

在上述时代背景和政策环境下，2015 年万科股权之争发生了。我们看到，万科股权之争从一开始就呈现出以下不同于以往资本市场控制权转移的新特点。

其一，不存在绝对控股的大股东，一股独大成为历史。无论是原来控股股东华润还是目前的控制股东宝能，以及后来控股的深圳地铁，其持股比例都在20％～30％之间，并未大幅超过其他2～5个股东的持股比例。其二，同时存在2个甚至多个持股比例接近的股东。其三，门口的野蛮人在不断撞门。万科股权之争从早期的宝能到后来华润试图增持的举动，再到深圳地铁加入混战，我们都能强烈感受到门口野蛮人试图闯入的冲动。其四，管理层不再是温顺的待宰羔羊。从面对宝能并购的那一刻起，王石团队即开始采取包括说服原大股东华润增持，积极引进战略投资者深圳地铁，以及其他反接管行为。这使王石团队始终成为万科股权之争这幕大剧中的绝对主角。

万科股权之争的上述特点在一定程度上预示了中国资本市场分散股权结构时代的来临。那么，在分散股权结构下，上市公司应该如何形成合理的治理架构呢？

第一，从一股独大到几家股东的分权控制。理论上，几个大股东分权控制将有利于外部分散股东利益保护的折中效应的出现。这是因为尽管处于控制性地位的几个股东有极强的意愿避免发生观点的不一致，但事后的讨价还价最终形成的决议，往往能够阻止经理人做出符合控股股东利益但损害中小股东利益的商业决定。因此，随着分散股权结构时代的来临，中国资本市场无论是投资方还是管理层都需要摒弃一股独大模式下为了争夺控股权的你死我活和权力斗争的逻辑，转而以提升公司的长远价值为己任，实现合作共赢。事实上，现代股份公司之所以在短短250年的时间成为一项帮助人类实现财富爆发式积累的“伟大的发明”，恰恰在于通过资本社会化与经理人职业化实现了专业化基础上的深度分工合作。

第二，公司治理的权威从控股股东转到董事会。以往一股独大股权结构下的董事会典型运作模式是：作为法人代表的董事长的任何行为都会被解读为控股股东意志的体现；董事长主导下的各项看起来兼具合理性与合法性的议案在经过一些必要流程后通过成为必然；鲜有（独立）董事出具否定意见。由于“真正的”所有者缺位和依赖长的委托代理链条来实现对公司的控制，中国国有上市公司逐步形成了以董事长这一公司实际控制人为中心的内部人控制格局。在一股独大的股权结构下，董事会显然并非公司治理真正的权威。然而，不同于一股独大下的股权结构，在分散股东结构下，公司治理权威从控股股东回归到董事会。代表各个股东的董事基于商议性民主形成保护股东利益的最大共识；董事会运行更多与“各抒己见”“以理服人”“和而不同”等字眼联系在一起；董事会更像是代议制民主下的听证会和现代大学的博士论文答辩会。分散股权结构下的董事长则退化为董事会的召集人，甚至由代表主要股东的董事轮值；董事会在充分沟通讨论基础上形成的决议由股东大会按持股比例进行最后表决。通过上述制度安排，董事会成为公司治理真正的权威。

第三，管理层成为与外部分散股东博弈的一方，主动参与公司治理。与一股独大股权结构下的管理层以“打工仔”自居，被动接受股东和股东授权的董事会监督不同，分散股权结构时代的管理层或者通过员工持股计划成为股东的一部分，或者通过实施事业合伙人制度实现从雇员到雇主的转变。特别地，在一些允许发行不平等投票权的国家，创业团队持有高于一股一票的 B 类股票，对公司具有与持股比例不匹配的控制权。一个典型的例子是自 2014 年 9 月在美国上市的阿里。持股 13%的马云合伙人团队（马云本人持股仅 7.6%）通过推出对董事提名具有实质影响的合伙人制度变相实现了不平等投票权的发行，使阿里的实际控制权牢牢掌握在以马云为首的合伙人团队手中。我们看到，第一大股东软银（持股 31.8%，日本孙正义控股）和第二大股东雅虎（持股 15.3%）之所以心甘情愿放弃中国资本市场投资者所熟知的控股股东地位和相应的控制权，恰恰是出于业务模式把握的困难，预期干预会事倍功半、适得其反，不如“蜕化为普通投资者”，把业务决策交给更加专业的马云合伙人团队。通过上述一系列的制度安排，在分散股权结构下，无论是员工持股计划的股东代表还是管理层本身，都能从原来被动接受监督，变为现在积极主动参与公司治理。而管理层实现公司治理参与的平台依然是基于商议性民主的董事会。

如果我们用一句话来概括以万科股权之争为标志的分散股权结构时代的来临带给中国资本市场的变化，那就是：在一股独大股权结构时代，“你（控股股东）说了算”；而在分散股权结构时代，“大家商量着来”。在上述意义上，分散股权结构时代的来临在一定程度上也意味着控股股东“说了算”的时代的结束。

对于此次处于风口浪尖的万科股权之争，我们在此呼吁：万科不仅是王石的万科、华润的万科、宝能的万科，作为公众公司更是投资者的万科。无论是投资方还是管理层都应该顺应股权分散时代来临的趋势，摒弃一股独大模式下控制权争夺的思维，共同回到“董事会的圆桌”旁，围绕万科持续经营发展集思广益，合作共赢。希望通过这次股权之争，万科也为未来分散股权结构时代公司治理架构的形成开展积极有益的探索，并树立成功的典范。

万科股权之争引发的争论

万科的股权之争从宝能开始举牌就注定了其将成为我国资本市场的经典案例。这不仅是因为万科是我国房地产行业最优秀的企业之一，万科的管理团队被认为是最优秀的管理团队之一，还因为宝能是较早通过资本市场举牌的方式获得传统上被认为是国有控股的万科的控制性股份的民企之一。更加重要的是，由于并购对象万科的管理层是以王石为首的创业团队，使万科股权之争很快陷入是应该遵循资本市场的股权至上的逻辑还是应该对创业企业家的人力资本投资予以充分激励的争论之中。由于上述几个方面，这起看似普通的控制权之争变得不再那么简单。

在讨论万科股权之争之前，让我们简单回顾在20世纪七八十年代美国经历的并购浪潮曾经带给公司治理理论界与实务界的不同思考。伴随着接管完成，经营不善的管理团队往往被辞退，上述风险使得接管威胁成为公司治理重要的外部治理机制，迫使管理团队努力工作。外部接管威胁由此被认为是使投资者"按时收回投资并取得合理回报"可资借鉴的手段和途径。

然而一些学者同时发现，外部接管也会使门外野蛮人乘虚而入，实现对新型企业的控制，甚至将创业企业家扫地出门。就连苹果公司的创始人乔布斯也难逃类似厄运。这就是今天我们大家开始熟悉的野蛮人撞门现象。如果预期经过辛勤打拼创建的新型企业未来将轻易地被野蛮人闯入，则企业家创业的激励将降低。因而，没有对野蛮人的撞门设置足够高的门槛，挫伤的不仅是企业家创业的积极性，而且会伤及社会发展和文明进步。

因此，并购浪潮后公司治理理论界与实务界开始深入反思：如何避免像乔布斯这样的创新企业家被门外野蛮人驱逐？除了像乔布斯一样借助资本市场的游戏规则重新控制苹果外，一度被认为不利于投资者权益保护的不平等投票权在鼓励企业家创业方面的价值重新获得了公司治理理论界与实务界的认同，并在 IT 等产业中广为应用。如今我们所熟知的脸书、谷歌，以及在美国上市的百度和京东全都选择了发行超过普通股一股一票的 B 类股票。而我国资本市场目前并不允许发行具有不平等投票权的股票。

在很多国家不再限制发行具有不平等投票权的股票的同时，对控制性股份的持有在一些资本市场也变得不再像以往一样至关重要。一个典型的例子是，持股阿里 31.8％的第一大控股股东软银和持股 15.3％的第二大控股股东雅虎愿意放弃实际控制权，而同意持股 13％的马云合伙人团队（马云本人持股仅 7.6％）通过合伙人制度变相推出的不平等投票权来实现对阿里的实际控制。毕竟，投资者更加看重的是获得高额的投资回报，而业务模式的把握并非这些投资者所擅长，孙正义事实上也从阿里的投资和控制权的放弃中赚得钵满盆满。我们设想一下，如果孙正义并不愿意放弃对阿里的实际控制，甚至通过召开股东大会把马云团队罢免，其是否能够在阿里的投资上全身而退则不得而知。

我们注意到，无论是允许具有不平等投票权的股票的发行，还是控制性股份的持有，在一些资本市场变得不再像以往一样至关重要现象的背后，在一定程度上体现了美国公司治理理论界与实务界经历了从狭义产权保护到人力资本投资激励的全覆盖的转变。换句话说，以往公司治理实践更加强调对物质资本投资者权益进行保护的产权保护，而目前则转为强调对包括创新团队人力资本投资激励在内的更加广泛的产权保护。我们把前者概括为狭义的产权保护，而把后者概括为广义的产权保护。我们看到，随着美国20世纪七八十年代资本市场并购浪潮的结束，美国公司治理理论界与实务界对产权保护的认识经历了从狭义到广义的转变。

由于王石对于万科就像乔布斯对于苹果一样，因此对于宝能举牌发起的万科股权之争我们显然不能停留在美国20世纪七八十年代接管浪潮期间强调资本市场股权至上逻辑的认识阶段，而是要进入后接管浪潮时代，将该问题与如何防御门外野蛮人的入侵和保护企业家的创业激励等问题联系在一起。这恰恰是本文开始时所说的“万科股权之争不再是一个简单的控制权转移问题”判断背后的原因。

事实上，我国企业产权制度发展同样经历了以下几个重要阶段。

在改革开放之前，甚至更早期，我国企业的主要问题是产权不清。王石早年的创业故事是这方面的典型例子。经过30多年的改革开放，无论是投资者还是管理层都逐渐认识到对投资者权益保护的重要性，产权保护的意识也深入人心。这是这次万科股权之争民企背景的宝能获得很多投资者同情背后的现实原因。

而万科股权之争则意味着，这一在美国后接管浪潮时代面临的如何保护创业企业家的人力资本投资激励，也开始在我国资本市场显现。今天我们讨论的万科股权之争不仅仅涉及是否遵循资本市场的游戏规则和股权至上的逻辑问题，而且还涉及在强调保护物质资本投资者权益的同时，如何寻求保护创业企业家人力资本投资激励的途径的问题。我们需要在二者之间寻找一种可能的平衡。

因此，面对万科股权之争，我国公司治理理论与实务界对产权保护的理解同样需要经历从狭义到广义的转变。这就如同美国在后接管浪潮时代的转变一样。而目前围绕万科股权之争的很多讨论，还仅仅停留在狭义产权保护的视角，仅仅看到问题的一个方面，没有看到问题的另一方面，无法从问题的两面，或者说更广义的产权保护视角来分析万科股权之争问题。

对于以万科股权之争为标志出现的我国上市公司股权分散时代的来临，无论是立法和监管当局，还是公司层面公司治理制度的设计和安排，都要积极兴利除弊，变革创新，以顺应带来我国资本市场深刻变化的这一公司治理新格局的出现。

首先，未来我国资本市场应放松对一股一票原则的要求，允许一些创业企业家发行具有不平等投票权的股票上市，但是否有投资者愿意购买，以什么价格购买则由市场决定。所谓的具有不平等投票权的股票，是指上市公司同时发行两类股票：A 类股票一股一票，B 类股票则一股多票。我们以在美国上市的中国企业为例，从优酷的一股三票到京东的一股二十票。通过持有 B 类股票，创业企业家可以以较少的股份实现对公司的控制。阿里当初之所以放弃在 A 股和香港资本市场上市，是由于不符合 A 股和香港资本市场对一股一票的要求。然而阿里转而在 2014 年于美国成功上市后，港交所在 2015 年即推出允许有条件突破一股一票的规定。

其次，一些企业通过基于股东认同的合伙人制度安排，实现对人力资本投资激励和创业企业家的保护。按照公司章程，阿里合伙人拥有特别提名权，并可任命大多数的董事会成员。我们看到，阿里通过合伙人制度形成了“董事会中的董事会”，履行了“特殊的董事长”的职能。这集中体现在管理团队事前组建和公司治理机制前置。前者通过优秀人才的储备和管理团队磨合期的减少，后者通过员工持股计划的推出和共同认同的企业文化的培育，使公司的管理效率得到极大提升。我们看到，在一定意义上，阿里控股股东软银和雅虎之所以愿意放弃对阿里事实上的同股同权（一股一票）原则，实际上是在向具有良好的业务模式发展引领者的声誉，同时通过管理团队事前组建和公司治理机制前置极大提升管理效率的阿里特殊人力资本团队——阿里合伙人支付溢价。因而，阿里合伙人制度的实质是在劳动雇佣资本时代，资本向特殊人力资本团队支付的溢价。而合伙人制度的出现反过来昭示了劳动雇佣资本时代的来临。

与不平等投票权相比，合伙人制度具有更浓郁的管理团队事前组建和公司治理机制前置等所带来的管理效率提升色彩，但合伙人制度并不具有不平等投票权从 B 类股票转为 A 类股票通畅的退出机制。合伙人制度中关于企业文化和价值观等的“软”约束，以及创始人独一无二不可替代的作用都会为未来合伙人制度的执行带来某种不确定性。

事实上，包括万科在内的一些企业一度推出事业合伙人制度。但由于缺乏法律和股东的认同，其在很大意义上成为一种员工自组织行为。类似于阿里合伙人制度的推出则不仅需要在法律层面突破上市公司发行一股一票的限制，而且需要允许上市公司在公司章程制定上具有更多的灵活性。

万科股权之争：谁来保护中小股东的利益

在此次万科股权之争中，外部中小股东长期成为沉默的大多数。这一局面直到后来两位小股东提起诉讼，申请判决撤销引入深圳地铁，以及之后不久万科最大自然人股东刘元生实名举报质疑华润宝能涉嫌一致行动才有所改观。

股权之争当事各方，无论是万科管理团队，还是前控股股东华润、现控股股东宝能似乎总能找到一些途径来保护自己的利益。例如，以王石为首的管理团队可以通过推出事业合伙人制度、引入深圳地铁作为战略投资者，甚至策略性停牌来保护自己的利益；作为曾经的控股股东华润则可以通过委派的 3 名董事代表反对万科重组方案；而宝能则可以通过联手华润在股东大会上否决董事会与监事会工作报告、提请召开特别股东大会来罢免王石管理团队。

我们的问题是，在这次万科股权之争中，谁来保护中小股东的利益？

首先，中小股东的利益能否靠控股股东来保护？

理论上，由于持股比例较大，从监督管理团队带来的收益足以覆盖监督成本，控股股东往往成为监督管理团队这一“公共品”的提供者。外部中小股东则可在监督管理团队问题上搭控股股东的便车。

然而，万科的案例真实地告诉我们，中小股东的利益仰仗控股股东保护并不是一件十分靠谱的事情。前控股股东华润从宝能刚刚举牌时的无动于衷，到表示重新回到控股股东地位，政策摇摆不定，前后矛盾；3 名华润委派的董事代表反对万科重组方案，而万科与深圳地铁战略重组方案未必不符合中小股东的利益。宝能则率性提请召开特别股东大会，以罢免王石管理团队，而让王石管理团队全部出局显然不是中小股东愿意看到的结果。我们看到，毕竟股东之间在法律上并无信托责任，因此中小股东的利益保护不能完全寄托在控股股东身上。

其次，中小股东的利益能否靠监管当局来保护？

在这次万科股权之争中，深交所的积极作为给大家留下了深刻的印象。从早些时候深交所对万科出具重组问询函，到深交所对宝能系与华润是否为一致行动人关系的关注函，虽然看似“各打五十大板”，但监管当局这种“就事论事”的态度还是赢得了不少赞誉。这在一定程度上表明，监管当局对于保持监管公正性和独立性的理解开始走向成熟。

第三，中小股东的利益能否靠董事会来保护？

董事会中的非独立董事由各主要控股股东委派经股东大会投票表决后产生。在很大程度上，这些董事的责任是保护委派其出任董事的主要控股股东的利益，对主要控股股东负相关诚信义务，而中小股东的利益则往往不在他们的保护之列。例如，3 名华润委派的董事代表反对万科重组方案，而万科重组方案未必不符合小股东的利益。在我国上市公司中，除了代表主要控股股东利益的董事外，还存在比例不少于 1/3 的独立董事。设定独立董事是提名或其他产生来源，看上去并不能完全摆脱控股股东和管理团队的影响。例如，在这次万科股权之争中，独立董事张利平因回避表决而受到是否合规的广泛争议。

这次万科股权之争围绕董事的诚信义务暴露出来的问题是，董事（包括独立董事）究竟是应该向委派其出任董事的控股股东负有诚信责任，还是应该向公司全体股东负有诚信责任。

对于这一问题一个逻辑近似的思考是：民主党推选的奥巴马成为总统后是应该只对民主党负责，还是应该对全体美国人民负责？问题的答案在一定程度上是不言而喻的。但如何从制度上保障董事向全体股东而非部分委托其出任董事的控股股东负有法律上的诚信义务则显然并非易事。例如，在本次万科股权之争中，如果能够证明与深圳地铁的重组方案有利于中小股东的利益，除非 3 名董事能够证明做出判断依据的是业务判断规则，而非简单遵循委派其出任董事的控股股东的意愿，中小股东是否可以因华润委派的 3 名董事代表违反向全体股东负有的诚信义务而起诉他们？

我们看到，一个董事会的理想组织和运作模式是：董事对全体股东而不是部分股东负有诚信义务；董事会按照企业价值最大化这一商业规则基于商议性民主履职，并作为公司治理的权威；股东则依据利益原则采用简单多数或股东（公司章程）一致认同的其他规则对董事会提出的重要议案做最后裁决。

最后，中小股东的利益能否靠法律诉讼来保护？

法律诉讼需要对董事诚信义务进行清晰的法律界定，但这同样并非易事。更何况我国并没有推行举证倒置与集体诉讼等便于投资者通过法律诉讼维权的相关制度。因此，在目前阶段外部中小股东对自己利益的保护途径更多依赖“以脚投票”。这在一定程度上是大家所观察到的从 2016 年 7 月 4 日万科复盘后股价连续出现两次跌停的部分原因。

有趣的是，根据有关万科的报道，万科工会开始起诉钜盛华、前海人寿等宝能系成员涉嫌损害股东利益责任纠纷。看来法律诉讼手段的使用未来将变得越来越频繁。我们衷心希望万科股权之争不仅为分散股权结构时代下的新型公司治理模式形成进行有益的探索，而且为如何保护中小股东的利益蹚出一条新路来。

万科股权之争的启示

历时两年的万科股权之争随着 2017 年新一届董事会的产生曲终人散，徐徐落下帷幕。但作为我国资本市场发展历程中重要的公司治理事件，学术界与实务界对万科股权之争的讨论仍在继续。从万科股权之争中我们可以得到怎样的启示呢?

如果说我国资本市场进入分散股权时代是万科股权之争发生的大的时代背景，那么，万科股权之争的现实困境在一定程度上则是中国式内部人控制遭遇外部野蛮人入侵引起的。之所以把它称为“中国式”，是由于这类内部人控制的形成不同于引发英美等国传统内部人控制问题的股权高度分散和向管理层推行股权激励计划，而是与我国资本市场制度背景下特殊的政治、社会、历史、文化和利益等因素联系在一起的。

首先是金字塔式控股结构的存在和所有者缺位。看起来华润是第一大股东，但由于所有者缺位和大股东的不作为（长期减持），董事长成为万科的实际控制人。其次是基于社会连接形成的内部人控制网络。在我国改革开放以来历时并不久的现代企业发展历程中，几乎每一个成功企业的背后都有一个王石式的企业家，并成为这一企业的灵魂和核心人物。这构成了在我国一些公司形成中国式内部人控制问题中十分重要和独特的历史因素。再次是基于政治关联形成的内部人控制网络。说到政治关联，就不得不提万科与深圳地方政府“剪不断理还乱”的政商关系。2015 年 10 月王石出任深圳社会组织总会会长。2016 年 3 月，深圳市国资委召开直管企业及下属上市公司主要负责人工作会议，随即传出“万科收归国有，王石已是正厅级”的消息。最后是基于文化传统形成的内部人控制网络。在万科新近召开的股东大会上，郁亮感言，“没有王石主席，也没有万科的郁亮，王石如同伯乐一样发现了我，如同老师一样培养了我。”媒体用“发言至此，郁亮一度哽咽”来形容感激涕零的郁亮。上述种种有形无形的网络和链条共同交织在一起，使得看起来并没有持有太多股份，也具有相应的责任承担能力的董事长成为典型的中国式内部控制人。

我们看到，当中国式内部人控制遭遇外部野蛮人入侵时，万科股权之争的现实困境出现了。由于国有体制对经理人股权激励计划，以及经理人收购计划推行的相关有形限制和无形束缚，很多企业家的历史贡献并没有得到以股权形式的认同。当面临资本市场的控制权之争时，他们的反抗不仅显得无力，一些心怀怨怼的反抗行为有时甚至显得意气用事。这无形中增加了控制权之争的对抗性，不仅失去公司治理法理正当性，同时面对公众对遭受野蛮人入侵威胁的管理团队的同情，而且受到心怀怨怼甚至意气用事的管理团队激烈抵抗，此时被推上历史前台的险资举牌命中注定将在我国资本市场这一发展阶段扮演并不光彩的角色。

那么，从万科股权之争中，我国公司治理的理论研究者与实务工作者可以得到哪些启示呢?

第一，股权之争的成功化解有赖于纷争双方的互相妥协和退让。王石于 2015 年 12 月 17 日在万科内部讲话中表示，“不欢迎宝能系成第一大股东，因为宝能系‘信用不够’”。而宝能系 2016 年 6 月 26 日则突然提出包括罢免王石、郁亮、乔世波等 10 位董事以及 2 位监事在内的临时议案。我们知道，在欧美等分散股权结构模式下，如果发生了内部人控制，接管商往往会通过推出金降落伞等计划，对实际控制权进行“赎回”，从而将纷争双方的损失降到最低。金降落伞计划背后体现的是妥协的策略和舍得的智慧。金降落伞也由此成为解决控制权纷争可供选择的市场化方案之一。

除了金降落伞计划，现实中一个有助于纷争双方实现合作共赢的制度设计是基于不平等投票权的控制权安排。通过将控制权锁定业务模式创新的创业团队，则看似违反同股同权原则的不平等投票权实现了创业团队与外部股东从短期雇佣合约到长期合伙合约的转化。为了说明这一点，我们设想万科在控制权安排上采用了不平等投票权模式。一方面，如果宝能认为万科具有巨大的投资价值，并认同王石管理层通过持有不平等投票权股票实现的对公司的事实控制，则宝能会像阿里的第一大股东软银一样谨守财务投资者的本分，二者由此得以建立长期的合伙关系，实现合作共赢。另一方面，如果持有超级投票权的管理团队并没有给万科带来实际价值增加，管理团队将被迫转手持有的B类股票。此时B类股票将自动转化为A类股票，使万科重新回到一股一票同股同权的传统治理模式，从而实现控制权的状态依存和管理团队的平稳退出。

我们注意到，港交所于2017年6月16日发布市场咨询文件，提出吸纳同股不同权架构的科技网络或初创企业赴港上市。2017年3月2日，Snap在美国推出有争议的ABC三重股权结构股票，其中A类股票甚至没有投票权。我国资本市场应该及时汲取各资本市场发展的成功经验，加速包括不平等投票权在内的控制权安排的制度创新，在鼓励创业团队的人力资本投资和发挥险资等机构投资者外部治理作用之间实现很好的平衡。

第二，万科股权之争后期出人意料的发展局势还与具有政治影响力的第三方的过度介入有关。无论是证券监管当局的“妖精害人精”论，还是险资监管当局对资金来源回溯式的合规性调查，甚至深圳地方政府的背书都极大地干扰了万科股权之争市场化解决争端的正确发展方向。2017年3月16日，恒大与深圳地铁签署战略合作框架协议，将下属企业所持有的万科14.07%股份的表决权，不可撤销地委托给深圳地铁；在此前不久的董事会换届上，宝能书面同意深圳地铁提出的董事会换届方案。我们看到，万科股权之争原本只是商业问题，充其量不过是法律问题，但最终在一定程度上演化为政治问题。这是包括我在内的很多万科股权之争的观察者始料未及的。

需要提醒监管当局注意的是，险资作为资本市场发展的重要公司治理力量应该是规范引导问题，而不是打压取缔问题。如果这次万科股权之争预示着包括险资在内的机构投资者举牌历史的终结，则将使资本市场通过并购实现资源优化组合的功能在一定程度上丧失。正如很多有识之士指出的，只注重增量的IPO环节，而忽略并购重组的存量优化功能的中国资本市场将是跛足和畸形的。

此次万科股权之争也引发我们对政府监管边界的思考。我们看到，市场能调节化解的矛盾和问题应该由市场自身去调节和化解。容易理解，今天我国资本市场频繁发生的控制权纷争问题在一定程度上已经开始超越公司治理问题，逐步演变为法律问题。这意味着未来控制权纠纷的解决更多需要依赖独立公正的司法裁决和高效有序的公开执行。把市场能解决的还给市场，把法律能解决的还给法律，应该成为政府监管严守的边界和底线。

第三，利益并非完全中性的独立董事在此次万科股权之争中的角色定位。理论上，以信息更加对称的独立董事为主的董事会在内部人和野蛮人的控制权纷争中将扮演重要的居中调节角色。在独立董事为主的董事会居中协调下，并最终通过股东大会表决，向在位企业家推出金降落伞计划，使其主动放弃反并购抵抗；独立董事主导的董事会提名委员会在听取在位企业家和新入主股东意见的基础上，按照实现公司持续稳定发展的原则，遴选和聘任新的经营管理团队。

然而，在我国资本市场独立董事自身的独立性和市场声誉都有待提高的当下，让我们感到困惑的是，如果第二大股东宝能与第一大股东深圳地铁围绕控制权产生新的纠纷，谁将可以成为利益中性的居中调停者？如果独立董事连第二大股东的利益都无法保护，又何谈保护外部分散股东的利益呢？我们看到，面对类似万科的股权纷争，使独立董事保持自身的独立性和建立良好的市场声誉，以扮演可能的居中调节者角色，我国资本市场仍有很长的路要走。

第四，万科新一届董事会组织中的超额委派董事问题。在万科由 11 名董事组成的新一届董事会中，除了 5 名独立董事（其中 1 名为外部董事），其余 6 名为内部董事。其中，持股比例 29%的深圳地铁推荐了 3 名，占到全部内部董事的 50%，深圳地铁形成事实上的超额委派董事。应该说，超额委派董事现象在我国上市公司中并不是新鲜事物。2008—2015 年我国不低于 20%的上市公司曾出现超额委派董事现象。在第一大股东持股比例不足 1/3 的公司中，超过 25%的上市公司曾出现超额委派董事现象。然而，像万科新一届董事会组成那样，超额委派董事比例不仅远超平均水平，而且持股比例相差不大的第二大股东和第三大股东没有委派董事的现象则并不多见。

我们知道，超额委派董事与利用金字塔结构、家族成员出任董事长一样是公司治理实践中实现控制权与现金流权分离，从而加强控制权的重要实现形式。这里由投票表决所体现的控制权代表实际控制人对重大决策的影响力，出资占全部资本比例所体现的现金流权则代表责任承担能力。二者的分离意味着承担责任与享有权力的不对称，形成一种经济学意义上的负外部性。理论上，在出现超额委派董事的公司，并不能排除大股东可能利用控制权与现金流权分离，进行资金占用、关联交易等隧道挖掘行为，从而使外部分散股东的利益受到损害的可能性。虽然目前观察到的更多是第一大股东对上市公司支撑的利好消息，但超额委派董事对于万科究竟意味着什么，有待未来的进一步观察。

第五，万科新一届董事会组织中的管理层占据太多董事席位的问题。在万科新一届董事会的 6 名内部董事中，管理层委派了 3 名，占到全部内部董事的 50%。我们这里所能想到的积极意义是，这样做有助于实现管理层与第一大股东的制衡，避免大股东未来可能对经营权的过度干预，甚至阻挠第一大股东未来可能进行的隧道挖掘行为。但其消极意义和积极意义看上去一样明显，那就是管理层占据董事会太多席位形成另类的控制权和现金流权分离。特别是在金字塔控股结构下造成的所有者的事实缺位，管理层占据董事会太多席位往往为未来的内部人控制创造了条件。这事实上是在英美等国的很多上市公司中流行除CEO外其余董事会成员全部为独立董事的董事会组织模式背后的原因。

在万科新一届董事会组织中，无论是超额委派董事还是管理层占据太多董事席位都在一定程度上反映出，虽然我国资本市场已经进入分散股权时代，但很多上市公司的董事会组织理念仍停留在一股独大的公司治理模式下的由控股股东来对董事会组织大包大揽的阶段，即使一度被称为公司治理标杆的万科也不例外。在上述意义上，尽管我国资本市场已经进入分散股权时代，但我国上市公司董事会组织理念仍需要经历漫长的转型和阵痛。

如果此时让我们对董事会换届完成后的万科进行展望，万科新一届董事会会留下哪些近虑远忧呢？有以下几个方面值得未来投资者关注：通过超额委派董事实现的控制权与现金流权的分离，第一大股东利用关联交易资金占用进行隧道挖掘的可能性；管理层占据太多董事席位，形成内部人控制格局的可能性；实力相当但无第三方制衡的第一大股东与管理层合谋，使外部分散股东的利益受到损害的可能性；第一大股东与管理层新一轮权力斗争的可能性；在一定程度上丧失独立性的独立董事无法有效居中调停化解未来发生危机的可能性等。

除了上述近虑远忧，万科股权之争留给资本市场更长期的警示是今后有谁再敢动政治关联企业的“奶酪”？当资本市场死气沉沉，万马齐喑时，我们开始怀念一个名叫宝能的野蛮人……

万科董事会组织的超额委派董事现象

2017年6月30日，万科完成换届。在由11名成员组成的新一届董事会中，除了5名独立董事（其中1名为外部董事），其余6名为内部董事。我们观察到，持股比例29%的深圳地铁推荐了其中的3名，占到全部内部董事的 50%。深圳地铁从而形成事实上的超额委派董事。需要说明的是，这一现象并非万科新一届董事会组织中独有。统计表明，2008—2015 年我国不少于 20%的上市公司曾出现不同程度的超额委派董事现象。然而，像万科新一届董事会组成中，超额委派董事比例不仅远超平均水平，而且持股比例相差不大的第二大股东和第三大股东没有委派董事则十分罕见。

那么，我们应该如何理解这次万科董事会换届再次凸显的超额委派董事现象呢？

从公司法的立法理念出发，一些法学学者特别强调董事会的这个“会”（board），与股东大会这个“会”（meeting）的区别。他们认为，在法理层面上，董事虽然可能是由其中某一（按照我国公司法的规定，持股比例超过 3%的）股东推荐，但一经股东大会表决通过后，这些董事就应该对全体股东负责，而不是只对部分（推荐他们成为董事的）股东负责。否则，股东可以向法庭起诉相关董事违反诚信义务。他们给出的一个来自美国总统选举的极端例子是，特朗普虽然是由共和党推荐的，但在成为美国总统后，他应该向全体美国人民负责，而并非只向共和党负责。如果按照上述法学学者的视角，这次万科董事会换届中出现的超额委派董事现象显然并非公司治理理论界与实务界应该特别关注的问题。然而，十分遗憾的是，上述视角仅仅反映了法理层面讨论中洋溢的学者理想主义和美好愿景，而并非公司治理实践的现实状况。我们做出上述判断的理由主要来自以下三个方面。

其一，与美国总统选举党派竞争的虚拟利益诉求不同，公司治理实践中股东的利益诉求是真实具体的，因而需要各方在重大事项决策上尽力保持力量对比的均衡，以兼顾各方的利益。推荐总统候选人的政党利益诉求是美国总统选举制度设计中体现程序正义的重要环节，更多的是为了践行轮流执政的政治竞争理念。以至于经常听到一些美国公民关于这次选举是以民主党身份，下次选举是以共和党身份参加选举活动的说法。上述事实决定了无论是民主党还是共和党，其利益诉求往往是虚拟的和定向的（在野党与执政党的政策方向注定相左），公民个体真实具体的利益诉求则往往需要通过国会代表的选举和公民言论自由的宪法保护以及独立的司法体系裁决等一系列制度安排来保障。

不同于美国总统选举，在公司治理实践中，股东的利益诉求是真实而具体的，而且在不同的股东之间往往存在严重的利益冲突。一个同样来自美国国会参议员选举制度的有趣启发是，无论各州人口多少和面积大小，每州选举产生的参议员都是 2 名。同样的选举，总统需要向全体公民负责，而参议员选举严格履行各州代表权平等原则，在很大程度上与政党的利益诉求是虚拟的，而各州的利益诉求是具体甚至冲突的有关。更加有趣的是，为了避免地缘政治可能带来的负面影响，选举办法甚至取消在首都华盛顿所在的哥伦比亚特区选举代表特区的参议员的权利。我们看到这些制度设计的背后很好地体现了真实具体利益分配的原则：那就是避免打破代表不同利益诉求力量之间的平衡，尽可能实现各方利益的兼顾。

其二，在公司治理实践中，我们所观察到的董事意见的分歧往往来自推荐董事的股东之间的利益分歧。我们以充满争议的万科引入深圳地铁重组预案的董事会表决为例。2016 年 6 月 17 日，在围绕引入深圳地铁重组预案的万科董事会 11 名成员的表决中，7 票同意，1 票回避，3 票反对。其中 3 票反对来自华润委派的 3 名董事，以至于一些媒体以“华润投出了反对票”为题报道万科这次重组预案的董事会表决情况。我们看到，董事会围绕很多具体事项的表决远不是这些董事应不应该代表全体股东的问题，而是他们能不能代表全体股东的问题。在引入深圳地铁重组预案的万科董事会表决中，与其说这些董事代表的是全体股东的利益诉求，不如说他们代表更多的是推荐他们成为董事的股东的利益诉求。事实上，在公司治理实践中，一个由某大股东推荐的董事在董事会表决中反映该大股东的利益诉求有时被认为是天经地义的事，即使那些利益可能由此受到损害的外部分散股东也不得不认同这一事实；即使某小股东由此起诉该董事违反了诚信义务，对于一些为董事购买了董事责任险的公司同样无法形成对该董事的实质性惩罚；反过来，如果你告诉一个小股东，他的利益诉求将由某大股东推荐的一名董事反映反而会被认为是天方夜谭。我们看到，这事实上也是很多国家公司法允许推选董事采用累积投票制以保证有代表小股东利益的董事胜出的现实原因。这里需要提醒法学学者的是，目前的董事产生机制、董事向股东所负的法律上诚信责任的司法界定以及相应法律救济困难决定了即使在未来很长的时期，董事也很难摆脱推荐股东利益诉求的影响。

其三，事实上，对董事一经产生应该代表全体股东的最大悖论和事实反驳来自各国公司治理实践中独立董事制度的推行。逻辑上，如果董事一经产生就应该代表全体股东，那显然并不需要独立董事。独立董事之所以在各国公司治理实践中引起广泛重视，恰恰是由于来自外部的，利益中性的，同时受到市场声誉约束的独立董事挑战管理层决策付出的成本要低于内部董事，因而能够代表外部分散股东在监督经理人中扮演重要角色。以至于除了 CEO 外其余全部为独立董事的董事会组织模式在英美等国公司治理实践中受到广泛推崇。

让我们再回到万科引入深圳地铁重组预案的董事会表决这一案例。其中回避表决的 1 票来自被认为与万科存在潜在关联关系的独立董事张利平。按照媒体的报道，当时的万科管理层和华润由此陷入投票表决结果是 7/10 还是 7/11 的算术题之争。万科管理层认为张利平与华润存在潜在关联关系，回避表决使实际参与董事会表决的董事只有 10 名，因而董事会以7/10 通过该重组预案；而华润则认为该独立董事的回避表决使得董事会的表决结果成为 7/11，因而该重组预案未能通过董事会表决需要的 2/3。我们从这一案例看到，即使是独立董事尚不能完全摆脱其推荐股东的利益纠葛，更何况是不同股东推荐的内部董事本身？上述事实在一定程度上表明，希望每位董事代表的是全体股东，而非推荐股东的利益诉求只是一些法学学者从法理理想主义出发的一厢情愿和美好愿景，远非公司治理实践的现实。

那么，我们如何从经济学视角来理解公司治理实践中出现的超额委派董事现象呢?

理论上，最终所有者可以借助金字塔控股结构，实现控制权和现金流权的分离，为其对所控制的子公司和孙公司的外部分散股东进行隧道挖掘创造条件。我们假设有一家母公司持有子公司50%股份，子公司持有孙公司50%股份的金字塔控股结构所形成的企业集团。虽然母公司对孙公司现金流权只有25%（50%×50%，由母公司出资占孙公司全部资本比例体现)，但其（通过50%控股子公司）对孙公司的控制权却是50%（由子公司对孙公司50%投票表决权所体现)。借助金字塔控股结构，现金流权只有孙公司25%的母公司，实现了对孙公司50%以上的控制，导致了控制权和现金流权的分离。这里的控制权反映实际控制人对重大决策的影响力，而现金流权则反映责任承担能力。二者的分离意味着承担责任与享有权力的不对称，形成一种经济学意义上的负外部性。最终所有者可以利用上述控制权与现金流权的分离机制通过关联交易、资金占用等对孙公司的资源进行隧道挖掘。例如，利用（通过50%控股子公司）对孙公司50%的控制权，母公司迫使孙公司与子公司进行关联交易，把孙公司的部分资源输送到子公司。对孙公司现金流权只有25%的母公司，以每单位25%的损失，换来子公司每单位50%的收益（母公司对子公司现金流权为50%)，使孙公司外部分散股东的利益受到损害。这是在各国公司治理实践中，与大股东相关的资金占用、资金担保、关联交易不仅是监管关注的重点，而且需要独立董事围绕上述事项出具独立意见背后的重要原因。

容易理解，超额委派董事与金字塔控股结构以及由家族成员出任董事长一样，是第一大股东实现控制的重要途径。只不过金字塔控股结构是通过控制权与现金流权的分离，而超额委派董事是第一大股东利用董事会组织中提名更多董事，形成对董事会重大决策的实际影响力与其持股比例所反映的责任承担能力的分离实现的。但无论是金字塔控股结构还是超额委派董事都意味着承担责任与享有权力的不对称，形成了一种经济学意义上的负外部性。在出现超额委派董事的公司中，我们并不能排除第一大股东对外部分散股东进行资金占用、关联交易等隧道挖掘行为的可能性。在2016年被广受批评的南玻A“血洗董事会”事件中，持股比例仅25.77%的宝能系同样提名3名董事，占到全部非独立董事的50%。

需要强调的是，根据我们的观察，在第一大股东持股比例不足1/3的我国上市公司中，甚至超过25%的公司曾出现超额委派董事现象，高于20%这一所有上市公司的平均值。这意味着那些没有拥有相对控制权的第一大股东更可能借助超额委派董事来加强对上市公司的控制。在上述意义上，超额委派董事与借助金字塔控股结构实现控制权与现金流权分离不仅存在战略补充的可能，还在一定程度上存在战略替代关系。

虽然超额委派董事仅仅使第一大股东具备借助资金占用和关联交易对外部分散小股东进行隧道挖掘的可能性，但作为潜在的公司治理问题，公司治理的理论和实务不得不对此加以防范。一个短期政策建议也许是，一方面，可以考虑为第一大股东未来提名董事数量以其持股比例设定上限；另一方面，通过完善累积投票制，使更多代表中小股东利益诉求的董事在选举中胜出。在董事会组织的长远目标上，我们需要更多借鉴英美等国的公司治理实践，以引入独立董事为主，使代表不同真实且存在冲突的利益诉求各方形成合理的制衡。

从万科新一届董事会组织中存在的超额委派董事现象中，我们看到，虽然我国资本市场已经进入分散股权时代，但很多上市公司的董事会组织理念仍停留在资本市场发展早期一股独大的公司治理模式下由控股股东来对董事会组织大包大揽的阶段。在上述意义上，我国上市公司董事会组织理念仍然需要经历漫长而痛苦的转型。

万科的独董与股东之争

2018年，随着万科独立董事刘姝威对宝能举牌万科资金来源合法性的质疑，万科内部的纷争再次进入公众的视野。鉴于刘姝威万科的独立董事身份和宝能万科的股东身份，我们把这场新的纷争称为独立董事与股东之争。

这里一个自然的问题是，作为独立董事的刘姝威应该而且可以向股东“发难”吗？理论上，由于来自外部、利益中性和注重声誉的独立董事挑战管理层的成本通常低于内部董事，设立独立（外部）董事被作为一项重要的公司治理制度安排被普遍引入各国公司治理实践中。在一些国家，除CEO外全部为独立董事被认为是最优董事会组织模式。由于外部分散股东远离生产经营第一线，处于信息分布的劣势，容易受到追求控制权私人收益的内部人造成的利益损害，因此保护中小股东的利益成为公司治理的逻辑出发点，这同样构成独立董事最基本的职责。在上述意义上，独立董事职能设定的法理基础是作为外部分散股东利益诉求维护的代理人。

因而，单纯从独立董事的职能设定来看，理论上并不存在独立董事与股东的冲突。其中的一个例外是，保护核心股东利益的独立董事与试图隧道挖掘上市公司的控股股东的冲突，而控股股东的隧道挖掘事实上同样离不开管理层的配合，甚至合谋。对照这次独立董事与股东之争，我们看到，刘姝威这里“怒怼”的既非具有实际控制权和可以形成内部人控制格局潜质的管理层，也非存在掏空动机的第一大股东，而是一度放弃投票权的宝能，这多少有点出人意料。这事实上也是这次独立董事与股东之争中饱受关注和充满争议背后的重要原因。

那么，在通常情形下，一个独立董事应该如何履行其职责呢？我们知道，独立董事的基本职责可以概括为两项：一是战略咨询，为企业未来发展产业升级出谋划策；二是监督职能，主要是对涉及关联交易、信贷担保等出具独立意见，判断该项交易是否会损害中小股东的利益。在董事会议案上说“不”由此成为一些独立董事履行职责的重要方式。面对一些存在“逆淘汰”的公司，一些独立董事为了表达自己不同的观点，甚至需要冒着被辞退的风险。独立董事出具的上述独立意见需要在上市公司公告时按照相关规则进行信息披露。从2002年我国上市公司引入独立董事制度以来，虽然独立董事还往往与“花瓶”“表决机器”等联系起来，但独立意见发表不仅增加了上市公司的信息透明度，而且提高了内部人道德风险的制度成本，独立董事在公司治理实践中发挥的重要性越来越受到理论界与实务界的重视。

与信息披露相关的媒体报道无疑是实现公司治理目的可资凭借的重要力量，它虽不同于传统公司治理中十分看重的法律制度，但也扮演着重要的公司治理角色，被学术界与实务界一道称为发挥公司治理作用的“法律外制度”。同样出于防范内部人和第一大股东道德风险的目的，一些中小股东和机构投资者有激励以邀请媒体报道的方式来引发公众对上市公司内部人控制问题的重视。但由于上市公司信息公告会对股价产生影响，按照相关信息披露制度，围绕公司经营管理的信息披露和媒体公关往往是由证券部集中统一进行，以免引起不必要的股价波动。除了代理权之争过程，在公司治理实践中鲜有部分董事以董事身份直接面对媒体独立发表意见。

在上述两个意义上，我更愿意相信，刘姝威这里更多是从研究者的角度，甚至是以个人名义，而不是以独立董事身份对宝能举牌资金来源提出质疑的。

我们看到，这场独立董事与股东之争的背后其实是对发生在2015年的宝能举牌万科的一系列险资举牌的历史作用的不同认识。那么，我们应该怎样看待当时风起云涌的险资举牌呢?

首先，当年的万科股权之争的实质并非单纯的野蛮人入侵问题，也非简单的内部人控制问题，而是野蛮人遭遇内部人的问题，而刘姝威在这场独立董事与股东之争中仅仅看到了其中的野蛮人入侵问题，忽略了更为重要和根本的野蛮人遭遇内部人问题。在宝能举牌南玻A之后，我们曾经发表题为《“血洗”董事会：上市公司不堪承受之重?》的评论文章。我们认为，出现“血洗”董事会这种各方（包括宝能）都不愿意看到的结果是在我国资本市场仓促进入分散股权时代，没有做好积极的公司治理应对所付出的制度成本。中国公司治理的现实困境是进入分散股权时代，频繁出没的野蛮人遭遇了内部人控制。由于这里的内部人并不是西方意义上的不存在主要股东的股权高度分散和推行经理人股权激励计划结果所导致的经理人壕沟，而是基于我国上市公司的政治关联、董事长个人社会连接、企业发展历史和特定企业文化等因素综合形成的中国式内部人控制。在我国改革开放以来历时不久的企业发展史上，每个成功企业的背后都一定会有像曾鸣、王石一样的灵魂人物。因此，在评价万科股权之争时，既要看到所谓野蛮人入侵的问题，也应该看到野蛮人之所以入侵背后的中国式内部人控制问题，更应该看到当野蛮人遭遇内部人引发的公司治理现实困境问题。

其次，险资举牌不仅有野蛮人入侵，使管理制度和企业文化遭到破坏的消极因素，同样也有改善公司治理的积极因素。虽然我们能够举出南玻A董事会遭“血洗”的例子，但我们同样可以观察到一些险资举牌带来公司治理效率改善的例子。例如，被生命人寿举牌的金地集团。基于大样本的实证研究，我们发现，险资举牌可以通过提高股权制衡度，扮演积极股东角色，成为我国资本市场进入分散股权时代上市公司改善治理结构的重要途径。但险资举牌扮演积极股东角色改善公司治理结构需要遵循两个重要作用边界，即谨守财务投资和非跨界并购，否则将削弱险资举牌抑制大股东的隧道挖掘行为和提升公司绩效的相关效应。理论上，如果当时举牌的险资持有的是优先股，而非普通股，上述两个边界条件将自动得到满足，险资举牌无疑将像其他机构投资者一样成为我国资本市场重要的公司治理力量。因此，险资举牌更应该是一个规范和引导的问题，而不是“一棍子打死”的问题。

因此，我们需要重新认识险资举牌的历史作用，既要看到它野蛮人入侵消极的一面，又要看到它改善公司治理积极的一面。如果有一天包括受到打压的险资在内的机构投资者并不能成为改善我国上市公司治理的重要外部力量，那将不是我国资本市场之福。我想这同样也不是作为资本市场的建设者和参与者的刘姝威愿意看到的。

股权结构设计篇

5

优刻得：A 股第一只同股不同权股票

股权结构设计和控制权安排是协调股东与经理人代理冲突的基础性的公司治理制度安排。同股不同权架构的核心是通过投票权配置权重向创业团队倾斜，实现创业团队与外部投资者之间从短期雇佣合约到长期合伙合约的转化。上述架构由于顺应了以互联网技术为标志的第四次工业革命对创新导向的企业权威重新配置的内在要求，而受到众多高科技企业在股权结构设计时的青睐。基于投资者投资意愿自愿选择购买的同股不同权架构股票并没有从根本上动摇以股东作为公司治理权威地位的股东中心主义。同股不同权并非对投资者利益最不好的保护，而一股一票也并非对投资者利益最好的保护。

2020 年 1 月 20 日，我国境内第一只双重股权结构股票优刻得（688158）上市。在中国的公有云市场份额排名第 6 的优刻得成为我国 A 股第一家采用同股不同权架构的独角兽企业。

股权结构设计和控制权安排是协调股东与经理人代理冲突的基础性的公司治理制度安排。然而，同样是享誉全球的高科技企业，苹果与谷歌却采用了两种完全不同的股权结构设计范式。苹果在股权结构设计上采用了传统的一股一票的股东中心范式，而在 2004 年于美国纳斯达克上市的谷歌却选择同时发行 AB 双重股权结构股票。

我们知道，双重股权结构股票已有上百年的历史，只不过长期以来这种形式上投票权不平等的股权结构设计范式被认为不利于外部投资者权益保护而遭到主流公司治理理论的唾弃。例如，在发行 AB 双重股权结构股票的公司中，B 类股票的市场价值要高于一股一票的 A 类股票，Lease 等提出一种十分巧妙的度量控制权私人收益方法（Lease et al.，1983；Lease et al.，1984；Nenova，2003）。一个理性的投资者只有预期通过持有 B 类股票获得公司控制权未来带给他的私人收益，超过他为了获取控制权付出的成本时，才有激励花费高于 A 类股票的价格去购买 B 类股票。因而 A 类股票和 B 类股票二者的价格差额反映了这个投资者获得控制权未来所可能谋求的私人收益的理性预期。在 Lease 等看来，AB 双重股权结构股票的发行是实际控制人获得控制权私人收益的重要工具。双重股权结构股票不利于保护外部投资者的政策含义在上述度量控制权私人收益方法中不言而喻。

哈特等多位学者在 20 世纪 80 年代完成的理论模型分析中表明，一股一票投票表决机制有助于减少经理人盘踞和内部人控制问题，保护中小股东权益，因而一股一票所反映的同股同权被主流公司治理理论认为是股权结构设计应该遵循的基本原则（Grossman & Hart，1988；Harris & Raviv，1988）。

直到 20 世纪 90 年代末，在哈佛大学安德烈·施莱弗率领的法与金融研究团队开展的各国法律对投资者权益保护程度评价的著名工作中，他们仍把是否实行一股一票作为评价法律对投资者权益保护的重要指标。那些没有采用一股一票的国家被安德烈·施莱弗团队认为是法律对投资者权益保护不足的国家。而如果一国法律对投资者权益保护不足，按照法与金融文献的结论和政策含义，意味着该国金融发展水平将受到抑制，进而拖累该国的经济增长。在他们开展国际经验比较的 49 个样本国家和地区中，真正实行一股一票的只有 11 个国家；双重股权结构股票在加拿大、丹麦、瑞士、挪威、芬兰、瑞典、意大利、墨西哥和巴西较为普遍，而在英国、法国、澳大利亚、南非和智利不多见；在 20 世纪 90 年代中期的美国，约有 6%的公众公司采用这种股权结构，其市值约占美国股市总市值的 8%（La Porta et al.，1998）。

然而，当人类进入 21 世纪，随着以互联网技术为标志的第四次工业革命浪潮的兴起，人们突然发现在 20 年前被主流公司治理理论唾弃的双重股权结构股票的发行几乎在一夜之间成为很多高科技企业青睐的股权结构设计范式。而谷歌只是众多发行 AB 双重股权结构股票上市的高科技企业之一。

由于允许发行 AB 双重股权结构股票，美国成为全球高科技企业上市的目标市场。京东、百度、优酷等大量来自中国的优秀互联网企业相继在美国以发行 AB 双重股权结构股票上市。在双重股权结构股票发行在一些高科技企业中流行的同时，2017 年 3 月 2 日在美国纽交所上市的 Snap 甚至推出三重股权结构股票。其中，C 类股票每股十份投票权，B 类股票每股一份投票权，而并非优先股只是普通股的 A 类股票没有投票权。分享全部 C 类股票的两位联合创始人 Evan Spiegel 和 Bobby Murphy 通过上述三重股权结构股票共拥有该公司 88.6%的投票权，Snap 由此被牢牢掌控在两位联合创始人手中。

除了通过直接发行双重甚至多重股票实现同股不同权的股权结构设计，很多企业通过基于创业团队与主要股东达成的股权协议，以及其他内部管理制度，变相形成同股不同权的架构。例如，通过股权协议和合伙人制度，阿里变相完成了同股不同权架构的搭建，具有董事会组织权力的阿里合伙人集体成为阿里的实际控制人。

那么，已出现 100 多年，长期遭到主流公司治理理论唾弃的双重股权结构股票为什么会在过去的 20 年间回归成为受到越来越多的高科技企业青睐的股权结构设计范式呢？

本文尝试系统回答这一问题。研究表明，同股不同权架构的核心是通过投票权配置权重向创业团队倾斜，实现创业团队与外部投资者之间从短期雇佣合约到长期合伙合约的转化。上述架构由于顺应了以互联网技术为标志的第四次工业革命对创新导向的企业权威重新配置的内在要求而受到众多高科技企业在股权结构设计时的青睐。但基于投资者意愿自愿购买的同股不同权架构股票并没有从根本上动摇以股东作为公司治理权威地位的股东中心主义。因而，同股不同权并非对投资者利益最不好的保护，而一股一票也并非对投资者利益最好的保护。

为什么近 20 年在高科技企业中出现明显的投票权配置权重向创业团队倾斜的趋势呢?

第一，以互联网技术为标志的第四次工业革命带来的信息不对称加剧对创新导向的企业权威重新配置提出了内在需求。

以互联网技术为标志的第四次工业革命浪潮带来的信息不对称加剧体现在方方面面。例如，技术产生的不确定性使得不同投资者之间的观点变得比以往更加不一致，以至于认为股价虚高的股东很容易将所持有的股票转让给认为股价依然有上升空间的潜在投资者，使得现有股东与将来股东之间的利益冲突严重（Bolton et al.，2006）；由于互联网时代专业化分工的深入，那些从事其他专业的外部投资者缺乏专业的会计知识和财务报表分析能力，总体精明程度下降，不得不转而依赖引领业务范式创新的专业创业团队（Frieder & Subrahmanyam，2007）。随着外部投资者对现金流来源识别能力的提高和业务模式创新的信息不对称程度的加剧，投融资双方围绕外部融资的逆向选择问题出现了：一方面，希望获得外部资金支持来加速独特业务模式发展的创业团队，由于无法说清楚现金流从何而来，总是被人怀疑是“骗子”，很难获得外部融资；另一方面，“不差钱”的外部投资者很难找到具有潜在投资价值的项目，资本市场资金空转踩踏事件时有发生。

因此，互联网时代对创新导向的企业权威重新配置提出迫切需要。一方面，新的治理范式要能够向资本市场发出明确的信号，破解逆向选择难题，以寻求外部资金的支持；另一方面，它要能够有效避免不明就里的外部投资者的指手画脚，过度干预，把围绕业务模式创新的专业决策交给“术业有专攻”的创业团队，让“专业的人办专业的事”。而使对资源配置产生重要影响的权威向创业团队倾斜的不平等投票权的股权结构设计无疑有助于上述目标的实现。

第二，技术密集型的高科技企业物质资本权重低，估值波动大，很容易在资本市场上成为接管对象，因此需要建立有效防范野蛮人入侵的制度安排，以鼓励创业团队人力资本的持续投入。在资本市场，固定投入有限而资本权重不高，题材时髦而估值波动较大的高科技企业，很容易成为资本市场接管商青睐的并购对象。任由野蛮人肆虐横行，未来我们在资本市场上观察到的也许更多是巧取豪夺，而不是人力资本的投入和技术创新的涌现。没有对野蛮人入侵设置足够高的门槛，挫伤的也许不仅仅是创业团队人力资本的投资激励，还会伤及整个社会的创新氛围和创新文化。

事实上，防范野蛮人入侵对当下中国资本市场发展具有特殊的现实意义。从 2015 年开始，我国上市公司第一大股东平均持股比例低于用一票否决代表相对控股权的 1/3，我国资本市场进入分散股权时代。而在资本市场为野蛮人设置门槛的理论意义和实践意义就像在研发领域设立保护和鼓励创新的专利制度一样。同股不同权架构股票的发行由此成为在互联网时代保护和鼓励人力资本投入的一种“资本市场上的专利制度”。

概括而言，投票权配置权重向创业团队倾斜具有以下四个方面的作用。

第一，通过同股不同权的股权设计，创业团队向外部投资者发出了对业务模式创新充满信心的信号，帮助投资者识别和选择潜在投资对象，解决互联网时代信息不对称加剧所导致的逆向选择问题。如果说旧车市场是靠质量担保传递旧车质量的信号来解决逆向选择问题的（Akerlof，1970），那么，在资本市场，创业团队可以通过同股不同权架构股票的发行向外部投资者传递对业务模式创新充满信心的信号来解决逆向选择问题。同股不同权架构股票的发行由此构成了博弈论中所谓的分离战略，使创业团队与同股同权等传统股权结构设计模式相区别，吸引外部投资者选择创业团队的项目作为投资对象（郑志刚等，2016）。

第二，通过同股不同权的股权结构设计，以往作为代理冲突的股东与经理人实现了从短期雇佣合约向长期合伙合约的转化（郑志刚等，2016）。如果我们把苹果的权威配置模式理解为一种短期雇佣合约，股东与经理人之间的关系可以描述为“流水的经理人，流水的股东”。例如，苹果前CEO乔布斯，任何糟糕的业绩表现都会成为股东罢免他的理由。而同股不同权架构形成的投票权配置权重向创业团队倾斜将以往“流水的经理人，流水的股东”演变为“铁打的经理人，流水的股东”。对于一些进行长期价值投资的战略投资者，甚至演变为“铁打的经理人，铁打的股东”。因此同股不同权架构实质上是完成了创业团队与外部投资者从短期雇佣合约到长期合伙合约的转化，由此在二者之间建立了合作共赢的长期合伙关系。

第三，通过同股不同权的股权结构设计，负责风险分担的股东和负责业务模式创新的经理人二者之间的专业化分工进一步加深，实现管理效率的提升。在同股不同权架构下，通过投票权配置权重向持有B类股票的创业团队倾斜，使创业团队掌握公司实际控制权，专注业务模式创新；另一方面，面对基于互联网技术的新兴产业快速发展日益加剧的信息不对称，A类股票的持有人则退化为类似债权人的普通投资者，把自己并不熟悉的业务模式创新决策让渡给B类股票持有人，自己更加专注风险分担。这事实上是现代股份公司诞生以来所秉持的专业化分工逻辑的延续。

第四，通过同股不同权的股权结构设计，为创业团队防范野蛮人入侵设置重要门槛，鼓励创业团队围绕业务模式创新进行更多人力资本投资。

我们看到，在上百年的发展历程中饱受质疑和批评的同股不同权架构正是由于迎合了第四次工业革命对创新导向的企业权威重新配置的内在需要，而重新获得了理论界与实务界的认同。曾一度拒绝阿里上市的港交所在2018年4月完成了号称“25年来大上市制度改革”，宣布允许同股不同权架构的公司赴港上市。在此前的 2018 年 1 月，新加坡股票交易所率先允许同股不同权架构的公司上市。而围绕如何使独角兽企业回归到 A 股，我国内地于 2018 年初出台政策允许境外上市的独角兽企业同时在内地发行中国存托凭证（CDR）。2019 年 7 月，上交所科创板开板。除了试水注册制，其中一项十分重要的改革举措是允许发行同股不同权架构股票的企业上市。优刻得通过发行 AB 双重股权结构股票在科创板上市就是在上述背景下实现的。

与以互联网技术为标志的第四次工业革命对创新导向的企业权威重新配置的内在需求相契合，在投票权配置权重向创业团队倾斜的同股不同权的股权架构设计中我们应遵循以下设计理念。

第一，成为合作一方的创业团队需要以真金白银的投入作为可承兑收入，以便至少部分能为自己可能做出的错误决策承担责任。我们知道，股东之所以在现代股份公司中处于不可动摇的中心地位，是由于（集体）享有所有者权益的股东对（不完全合约中尚未规定的）资产重组等重大事项在股东大会上以投票表决的方式进行最后裁决，同时以出资额为限对（可能做出的错误）最终决策承担有限责任（Hart，1995）。在阿里的股权结构设计中，集体成为实际控制人的阿里合伙人团队共同持有阿里 13%的股票，其中马云本人持股 7.6%。上述投入构成软银和雅虎愿意与阿里合伙人合作，并同意形成同股不同权架构的可承兑收入。

第二，通过日落条款的设计实现控制权在创业团队和股东之间的状态依存。所谓日落条款，是在公司章程中对投票权配置权重倾斜的创业团队所持有 B 类股票转让退出和转为 A 类股票以及创业团队权力限制的各种条款的总称。由于投票权配置权重倾斜可能对外部分散股东的利益造成损害，因此日落条款在同股不同权架构股权结构设计中的重要性自不待言。我们以在我国 A 股市场推出的第一只同股不同权架构股票优刻得为例。季昕华、莫显峰及华琨三人合计通过一致行动协议而成为优刻得的实际控制人。三位实际控制人持有的 A 类股票每股拥有的表决权数量为其他股东所持有的B类股票每股拥有的表决权的5倍。在IPO完成后合计直接持有19%股份的三位实控人将获得55%的表决权。通过建立上述投票权配置权重倾斜的股权结构安排，季昕华、莫显峰及华琨对公司的经营管理以及对需要股东大会决议的事项具有绝对控制权，限制了除共同控股股东及实际控制人外的其他股东通过股东大会对发行人重大决策的影响。

为防范实际控制人A类股票表决权的滥用损害公司或其他中小股东的利益，优刻得的公司章程对配置权重倾斜的A类股票相关事项做了如下规定。其一，公司股东对下列事项行使表决权时，每一A类股票享有的表决权数量应当与每一B类股票的表决权数量相同。(1) 对公司章程做出修改；(2) 改变A类股票享有的表决权数量；(3) 聘请或者解聘公司的独立董事；(4) 聘请或者解聘为公司定期报告出具审计意见的会计师事务所；(5) 公司合并、分立、解散或者变更公司形式。其二，公司股票在交易所上市后，除同比例配股、转增股本情形外，不得在境内外发行A类股票，不得提高特别表决权比例。A类股票不得在二级市场进行交易。其三，出现下列情形之一的，A类股票应当按照1∶1的比例转换为B类股票：持有A类股票的股东不再符合《上海证券交易所科创板股票上市规则》及《优刻得科技股份有限公司关于设置特别表决权股份的方案》规定的资格和最低持股要求，或者丧失相应履职能力、离任、死亡；持有A类股票的股东向他人转让所持有的A类股票，或者将A类股票的表决权委托他人行使。

日落条款几乎成为目前所有推出同股不同权架构的公司的标配和通例。例如，在谷歌的同股不同权的股权结构设计下，当佩奇等人手中的A类股票选择上市流通时，这些A类股票将被自动转换为B类股票。即使在日落条款色彩并不十分明显的阿里的公司章程中，按照相关规定，当马云持股不低于1%时，合伙人对阿里董事会拥有特别提名权，可任命半数以上的董事会成员。

需要说明的是，尽管几乎在奉行同股不同权架构的所有公司中都会有这样那样的日落条款，但由于投票权权重配置的倾斜对外部股东权益保护的潜在挑战，同股不同权架构无论是在理论上还是在实践中都存在一定的争议。作为对上述潜在挑战的市场调节，我们观察到，同股不同权架构的股票往往比同股同权架构股票的价格波动幅度更大。例如，在港交所完成上市制度改革后，登陆香港的独角兽企业小米、美团、众安在线、雷蛇、易鑫、阅文、平安好医生等无一例外地遭遇在 IPO 后股价跌回，甚至跌破发行价的尴尬局面。

第三，即使同股不同权架构在高科技企业中盛行的今天，由于所具有的独一无二的责任承担能力，股东作为公司治理的权威也并没有从根本上动摇。股东的权威性集中体现在股东大会作为公司最高权力机构的法律地位和公司法对股东相关权益的保护。同股不同权架构只是投票权配置权重向创业团队倾斜，并没有改变股东大会作为公司最高权力机构的法律地位。即使在阿里，合伙人对阿里的集体实际控制也是取决于阿里合伙人与主要股东之间达成的股权协议。把业务模式创新的主导权交给创业团队，并不意味着主要股东对控制权的完全放弃。伴随同股不同权架构股票发行，一个公司往往会推出严格的日落条款，以保证控制权在创业团队与主要股东之间状态依存。

第四，注意发挥类似阿里合伙人制度等制度创新在股权结构设计上的独特作用。通过股权协议，在主要股东软银和雅虎的背书和支持下，阿里合伙人集体成为阿里的实际控制人。阿里合伙人由此成为阿里“董事会中的董事会”和“不变的董事长”，规模从 2014 年在美国纽交所上市时的 28 人已经扩大到 2019 年底的 38 人的阿里合伙人成为阿里未来领导产生的稳定的人才储备库。而成为阿里合伙人首先必须满足在阿里工作 5 年以上等一系列苛刻条件。新合伙人候选人通过特定提名程序和为期一年的考察后，最终需要获得 75%以上合伙人的支持，才能有望成为新的合伙人。合伙人形成的“人才蓄水池”的一个客观效果是使阿里管理团队成员提前完成新团队组建过程中不可避免的磨合过程，降低了以往无论是来自空降还是晋升，新团队组建过程中彼此磨合所带来的各种隐性和显性成本。而事前组建的管理团队，通过预先共同认同的价值文化体系的培育和股权激励计划的推行，使公司治理制度设计通常面临的代理冲突在一定程度上得到缓和与化解。

我们理解，阿里在2014年于美国上市时，软银、雅虎等主要股东之所以愿意放弃对一个企业通常而言至关重要的控制权，在一定意义上是在向事前组建管理团队和公司治理机制前置的阿里合伙人集体支付溢价。如同电商和第三方支付业务等方面的重大创新一样，合伙人制度成为阿里在公司控制权安排和企业传承中十分重要的制度创新。

我们把严格体现股东中心导向的传统一股一票股权结构设计，近20年来重新兴起的AB双重股权结构股票和以美国Snap为代表的三重结构股权结构股票设计在现金流权与控制权的分离程度、对业务模式前景的信号传递强弱等表现形式的差异比较总结在表4中。

表4 不同股权结构设计范式表现形式的差异

表现形式	控制权模式		
	一股一票	双重股权结构	三重股权结构
现金流权与控制权分离程度	不分离	中度分离	高度分离
对业务模式前景的信号传递强弱程度	无信号	强信号	超强信号
风险分担与业务模式创新专业化分工程度	中度分工	高度分工	极度分工
风险的分担	股东独自承担	同甘共苦	只共苦不同甘
退出机制和控制权的状态依存	以脚投票和公司治理机制并存	控制权的状态依存	实际控制人缺乏退出机制，投资者投机色彩浓郁

从现金流权与控制权的分离程度来看，在同股同权架构下，一方面股

东对重大事项以一股一票投票表决的方式在股东大会上进行最后裁决，另一方面则以出资额为限为可能做出错误决策承担责任，因而股东的现金流权与控制权是对称的，并未出现分离。在双重和三重股权结构这两类同股不同权架构下，通过投票权配置权重向创业团队倾斜，创业团队实现了现金流权与控制权的分离。其中，ABC 三重股权结构形成的二者分离程度更高。

从创业团队通过股权结构设计所传递的业务模式前景的信号强弱程度来看，传统的同股同权架构下的一股一票在互联网时代加剧的信息不对称下容易导致出现外部融资的逆向选择问题；AB 双重股权结构股票的发行不同于一股一票架构的分离战略，向外部资本市场传递了创业团队对业务模式创新充满信心的信号；通过引入甚至没有投票权的股票类型，ABC 三重股权结构股票则向资本市场传递了更加强烈的“不愿为野蛮人入侵留下任何可乘之机”的信号。

从风险分担与业务模式创新专业化分工程度来看，在一股一票下，虽然职业经理人对日常的经营管理做出决策，但重大事项仍需要股东以集体表决的方式进行最后裁决，因而股东的风险分担与创业团队的业务模式创新二者仅实现了专业化的中度分工。而在双重和三重股权结构股票设计中，通过投票权配置权重向创业团队倾斜，使创业团队专注业务模式的创新，股东在一定意义上退化为仅仅承担风险的普通投资者，无权对创业团队主导的业务模式创新“指手画脚”，专业化分工程度由此得到进一步提升。其中在三重股权结构股票设计中，专业化分工程度甚至达到持有没有投票权的 A 类股票的外部投资者无染指可能的极致。

从风险分担来看，在同股同权架构下，受益顺序排在最后的股东作为剩余索取者承担企业经营的全部风险。而在同股不同权架构下，为了说服外部股东接受投票权配置权重向创业团队倾斜，创业团队往往需要持有一定比例的股份作为可承兑收入，由此形成创业团队与外部股东共同分担风险的格局。但在三重股权结构股票的设计中，被剥夺投票权，排斥在长期合伙人之外的A类股票持有人往往并不打算长期持有这家公司的股份，而是随时准备以脚投票。因而只是做到了承担经营风险的“共苦”，缺乏相应的投票表决机制实现“同甘”。

从退出机制和控制权的状态依存来看，同股同权架构下的股票可以借助资本市场实现自由流通和控制权转移，但需要通过建立规范的公司治理架构来监督约束经理人。在同股不同权架构下，通过引入日落条款，实现了控制权的状态依存。而在ABC三重股权结构下，由于不同类型股票之间缺乏顺畅的身份转化和退出机制，外部投资者购买没有投票权的A类股票就像是在下赌注，投机色彩浓郁。

现代股份公司从荷兰东印度公司开始400多年的发展历程中，股权结构设计从两个维度展开。一是股权的集中与分散。中国资本市场从2015年开始进入分散股权时代，尽管为数不少的上市公司依然保持传统的一股独大。二是在分散的股权结构下，一家公司体现公司控制权的投票权配置既可以选择权重平衡的同股同权，也可以选择权重倾斜的同股不同权架构。而在同股不同权架构的实现方式上，既可以直接发行双重或三重股权结构股票，也可以通过基于股权协议或获得股东背书和认同的内部管理制度变相形成同股不同权架构。

在同股不同权架构诞生至今近百年的历史中，由于违反了被视作公司治理正统的同股同权原则，其被认为不利于股东权益的保护，长期受到主流公司治理的唾弃。直到最近20年，随着越来越多的高科技企业选择同股不同权架构上市，这种又被称为不平等投票权的股权结构设计范式重新引起公司治理理论界与实务界的重视。

同股不同权架构的核心是通过投票权配置权重向创业团队倾斜，实现创业团队与外部投资者之间从短期雇佣合约到长期合伙合约的转化，深化股东分担风险和创业团队主导业务模式创新这一传统的专业化分工，提升管理效率。上述架构由于顺应了以互联网技术为标志的第四次工业革命对创新导向的企业权威重新配置的内在要求，而受到众多高科技企业在股权结构设计时的青睐。

然而，配置权重倾斜的股权结构设计潜在的风险是对外部分散股东利益的损害。因此，在确保控制权状态依存的日落条款成为同股不同权架构股权结构设计的标配的同时，市场以比同股同权股票价格更大的波动幅度和频率来对这种投机色彩更加浓郁的股票做出调整。

需要说明的是，基于投资者意愿自愿选择购买的同股不同权架构股票并没有从根本上动摇以股东作为公司治理权威地位的股东中心主义，只是股东与创业团队为了建立长期合作伙伴，实现合作共赢而使投票权在特定状态条件的限定下向创业团队倾斜。尽管相比较而言，高科技企业更加青睐同股不同权架构，但这并不意味着传统的一股一票下的同股同权架构由此变得一无是处。我们注意到，同样是高科技企业，与苹果一样市值过万亿美元的微软、亚马逊等同样采取传统的同股同权架构上市。因而，同股不同权并非对投资者利益最不好的保护，而一股一票也并非对投资者利益最好的保护。

6

Snap：三重股权结构股票

2017 年 3 月 2 日，Snap 在美国纽交所上市。除了发行每股一份投票权的 B 类股票（类似于双重股权结构股票中的 A 类股票）和每股十份投票权的 C 类股票（类似于双重股权结构股票中的 B 类股票），Snap 还同时发行了没有投票权的 A 类股票。Snap 由此成为全球较早发行三重股权结构股票的公司之一。那么，我们应该如何理解 Snap 推出的三重股权结构股票这一“新鲜事物”呢？

Snap 三重股权结构股票的推出包含一定的现实合理性。其一，通过推出三重股权结构股票，Snap 联合创始人 Evan Spiegel 和 Bobby Murphy 向资本市场传递了极为明确和强烈的对业务模式盈利前景充满信心的信号。早在 1977 年，经济学者利兰和派尔研究表明，看似作为激励手段的管理层持股事实上将向投资者传递对公司发展前景充满信心的信号。管理层持股比例越高，未来所承担的经营风险越高，表明管理层对公司的发展前景越有自信，从而向投资者传递的信息含量越大。在 Snap 的股权结构安排中，两位联合创始人不仅拥有大量的 A 类股票（合计 43.6%），而且分享全部 C 类股票，这使得两人合计拥有该公司 88.6%的投票权。Snap 由此被牢牢掌控在两位联合创始人手中。相比双重股权结构股票，我们看到，Snap 所推出的三重股权结构股票事实上完成了更为强烈的信号传递：两位联合创始人对公司未来发展前景如此充满信心，以至于不愿为野蛮人入侵留下任何可乘之机。上述控制权安排模式传递的积极信号无疑会感染并吸引大量的外部投资者。我们理解，该公司在 IPO 时受到投资者热烈追捧并获得超额认购在一定程度上与此不无关系。

其二，投资者追捧并超额认购 Snap 在一定程度上是基于对该公司业务模式创新和创业团队自身管理营运能力的认同。由 2011 年仍然在校的两名斯坦福大学学生 Evan Spiegel 和 Bobby Murphy 共同设计研发的 Snapchat 是一款摄影类的手机应用。他们创造的“阅后即焚”模式使用户在隐私权的保护和观点分享的愿望满足之间找到了一种很好的平衡。Snapchat 在应用商店上架之后受到 18～34 岁的年轻群体的热烈欢迎。在上市前的 2017 年前后每天有平均 1.58 亿人使用 Snapchat，每天有超过 25 亿个“snap”被创造出来。美国投行 Piper Jaffray 调查显示，Snapchat 已经超越照片墙、推特和脸书，成为最受美国青少年欢迎的网络社交平台之一。

然而，我们不得不说的是，Snap 推出的三重股权结构股票在包含一定合理性的同时，也暴露出控制权安排模式设计的一些缺陷。首先，没有投票权的 A 类股票持有人与拥有绝对控制权的 C 类股票持有人被人为地割裂，彼此对立。我们知道，在双重股权结构下，通过推出不平等投票权使创业团队更迭可能性降低，持有 B 类股票的创业团队事实上获得持有 A 类股票股东的长期聘用，由此在 A 类股票和 B 类股票持有股东之间实现了从短期雇佣合约到长期合伙合约的转化。二者之间所建立的长期合作关系体现在以下两个方面：其一，通过向持有 A 类股票的股东承诺高的投资回报，使他们愿意与持有 B 类股票的创业团队共同分担公司未来的经营风险。其二，使持有 B 类股票的创业团队更加专注于所擅长的业务模式创新，因而二者之间的合作是建立在专业化分工基础上的深度合作。双重股权结构股票由此得以在建立长期合伙关系的 A 类股票和 B 类股票持有股东之间不仅实现了风险的共担，而且实现了更加精细的专业化分工，极大地提升了管理效率。作为对照，Snap 推出的三重股权结构股票在防御野蛮人入侵上有余，而在不同类型股票持有人之间建立长期合作关系，实现合作共赢方面则显得不足。持有A类股票的股东没有投票权，无从参与过问公司事务。容易理解，这些股东更多被用来与持有C类股票的联合创始人分担风险以“共苦”，却没有相应的机制来保证他们未来一定可以分享企业发展的红利以“同甘”。被剥夺投票权的持有A类股票的股东显然并不打算长期持有Snap的股份，而是随时等待以脚投票时机的出现。我们看到，Snap推出的三重股权结构股票并没有使持有不同类型的股票股东基于各自的专长（如风险分担或业务模式的创新）实现基于专业化分工基础上的长期深度合作，而是人为地把股东分成不同的阵营，彼此孤立和相互对立。这是Snap推出的三重股权结构股票目前看来不够成熟的地方之一。

因此，持有ABC三类股票的股东之间缺乏顺畅的身份转化和退出机制，使公司未来的发展片面依赖持有C类股票的联合创始人，控制权安排的风险陡然增加。我们知道，在双重股权结构股票中，A类股票和B类股票持有人之间通常存在顺畅的身份转化和退出机制。如果持有B类股票的创业团队对未来业务模式创新仍有信心，那么，由创业团队持续持有B类股票，继续引领公司向前发展就是最优的控制权安排模式；反过来，如果创业团队对业务模式创新和新兴产业发展趋势不再具有很好的理解和把握而选择出售股票，那么，B类股票将自动转化为A类股票，公司重新回到只有A类股票的传统一股一票控制权安排模式，全体股东将根据公司治理最优实践来选择优秀的管理团队为股东创造最大价值。因此，在一定意义上，双重股权结构股票的推出实现了控制权在持有B类股票的创业团队与持有A类股票的外部分散投资者之间的状态依存。

对照Snap所推出的三重股权结构股票，虽然在招股说明书中也提及B类股票持有者和C类股票持有者在卖出时分别转为A类股票和B类股票，但同时对C类股票设定了非常苛刻的退出机制。例如，当两位创始人持有的C类股票数量低于IPO结束时持有的C类股票数量的30%时，所持有的C类股票才将会全部退出转为B类股票；在持有者去世9个月后，C类股票才会自动退出转为B类股票。更加糟糕的是，B类股票和C类股票最终退出转为的A类股票并没有表决权。这使得持有B类股票和C类股票的股东退出后，Snap无法基于一股一票这种股权安排模式建立传统的公司治理架构。这意味着，推出ABC三重股权结构股票Snap的两位联合创始人在最大程度上巩固了自己不可挑战的控制权持有地位的同时，也将Snap未来的经营管理成败与两位联合创始人的个人命运紧紧地绑在一起，他们的决策不能存在些许失误，否则公司将面临巨大的风险。

既没有在持有不同类型股票的股东之间建立长期合作关系以提高管理效率，又没有通过建立控制权状态依存的退出转换机制降低未来营运风险，我们看到，购买Snap推出的三重股权结构股票中的A类股票就像是在下赌注。如果说在双重股权结构中，投资者通过选择低表决权的A类股票在一定程度上向持有B类股票的创业团队传递了鉴于后者对业务模式创新的引领和未来盈利前景的信心心甘情愿放弃控制权的意愿，那么，被迫持有Snap发行的没有投票权的A类股票的股东则既不心甘，也不情愿，而是在积极等待一个时机，等待在被B类股票和C类股票股东抛弃前，首先抛弃他们。这事实上就是在成功IPO不久后，我们观察到Snap股价一路下跌，很快跌破IPO当日开盘价，进入低位徘徊背后的原因。

我国资本市场目前正在积极探索建立双重股权结构的股票发行模式，而Snap推出的三重股权结构的相关实践无疑给我们带来十分重要的启发。第一，在控制权安排模式选择上，推行不平等投票权并非对投资者利益最不好的保护，而一股一票也并非对投资者利益最好的保护。从Snap发行三重股权结构股票IPO的例子来看，如果声誉良好的创业团队能够向投资者传递对公司未来前景充满信心的信号，并获得投资者的一致认同，即使没有投票权，也依然会受到投资者的追捧和超额认购。资本市场应该向投资者提供多层次多样化的投资选择，以满足投资者的不同投资需求。同样重要的是，谷歌、脸书等美国企业和百度、京东等在美国上市的众多中国企业之所以青睐双重股权结构，一定程度上反映了在经历接管浪潮中野蛮人肆意入侵后，美国实务界与学术界对原以为不利于投资者权益保护的不平等投票权的重新认识。面对门外野蛮人的入侵，双重股权结构股票的推出将在一定程度上鼓励创业团队长期的人力资本投资。看起来不平等的投票权一方面使持有B类股票的创业团队专注于业务模式创新，另一方面使持有A类股票的分散股东避免参与自己并不擅长的业务模式，仅仅着力于风险分担，最终在两类股东之间实现了投资回报收益的平等。相信对于进入分散股权时代的我国资本市场，面对野蛮人入侵的潜在威胁，推出双重股权结构股票发行制度不仅十分必要，而且十分紧迫。

第二，在控制权安排模式选择上，避免将股东割裂成彼此对立的阵营，而是努力在不同股东之间建立长期合作关系，实现合作共赢。从Snap的案例中我们看到，控制权安排的设计者试图在不具有表决权的A类股票持有人与由两位联合创始人分享的一股十份投票权的C类股票持有人之间建立长期合作关系。A类股票持有人被C类股票持有人人为地割裂开来。在C类股票转化为A类股票的过程中，不仅有很高的限制，中间还夹杂着一股一票的B类股票。上述设计使得看起来仿佛在A类股票和C类股票之间存在不可逾越的鸿沟。相比而言，一些双重股权结构股票设计通过推出与A类股票一股一票略有差异的一股五票、一股十票既实现了对控制权的掌握，又通过较大比例的资金投入表达出愿意与A类股票股东分担风险的诚意。因此，在未来我国推出类似的不平等投票权设计过程中，应该使两类股票投票权的差异控制在合理的范围，避免人为地割裂。

第三，在控制权安排模式设计上，要努力在不同类型的股东之间建立顺畅的转换和退出机制，以实现控制权安排的状态依存。Snap推出的三重股权结构股票中暴露的很多问题集中体现在不具有投票权的A类股票上。缺乏同甘共苦的诚意和回到传统公司治理架构的困难使得三重股权结构中的A类股票持有人投机性十足。不平等投票权设计者原本期望建立的长期合伙关系演变为一次或数次包括对IPO在内的赌注，这是我国资本市场在推出类似制度时的大忌。一个有生命力的控制权安排模式不仅在于有助于实现短期雇佣合约向长期合伙合约的转化，还在于有基于良好退出路径的控制权安排的状态依存。

当然，现在就断言 Snap 推出的三重股权结构股票注定失败为时尚早，最终结论的得出依然有待于长期的观察。但其暴露出来的制度设计缺陷无疑为我国正在酝酿的双重股权结构股票发行制度的推出提供了前车之鉴。我们需要及时汲取一切国家资本市场建设的成功经验和失败教训，以积极推动我国有序健康资本市场的建设和完善。

合伙人制度篇

7

阿里：发行一类股票，如何实现同股不同权？

2021 年 4 月 10 日，国家市场监督管理总局对阿里“二选一”垄断行为作出行政处罚，罚款达 182.28 亿元。阿里的违规行为凸显了其内部管理存在严重问题，不过其公司治理机制仍然值得我们研究。尽管只发行一类股票，但通过合伙人制度，阿里变相形成了同股不同权架构。合伙人制度既不同于与股份有限公司等企业组织形式相对照的合伙这一法律概念，也不同于一些房地产企业项目跟投时作为持股平台推出的事业合伙人制度中的合伙。在一定程度上合伙人制度是公司控制权安排中十分重要的制度创新。那么，只发行一类股票的阿里是如何通过合伙人制度实现同股不同权的呢？

阿里的合伙人制度

2015 年 7 月 10 日，宝能系通过连续举牌，持股比例增至 15.7%，超过华润，成为万科第一大股东，万科股权之争爆发。这场股权之争从一开始就注定了它不是一场普通的并购。并购对象万科的管理层是以王石为首的创业团队，使万科股权之争很快陷入是应该遵循资本市场的股权至上的逻辑还是应该对创业团队的人力资本投资进行鼓励的争论之中。万科究竟是谁的万科？是王石创业团队，是原第一大股东华润，还是举牌后的新股东宝能？我们用“悲催”两个字来形容面对控制权之争的万科。如果说万科股权之争预示着伴随并购活动的日趋活跃，门外野蛮人入侵现象会频繁发生，那么，我们应该如何保护和鼓励创业团队以业务模式创新为特征的人力资本投资呢？

与悲催的万科陷入“谁的万科”争论不同，不仅过去和现在，即使未来很长一段时期依然会控制在创业团队手中的阿里则显得比万科“庆幸”得多。2014 年 9 月 19 日，阿里在美国纽交所成功上市。从阿里的股权结构来看，第一大股东软银（日本孙正义控股）和第二大股东雅虎分别持股 31.8%和 15.3%，远超阿里合伙人团队所共同持有的 13%，而马云本人持股仅 7.6%。然而，根据阿里公司章程的相关规定，合伙人团队有权任命董事会的大多数成员，成为公司的实际控制人。

收获“庆幸”的远不止阿里。2014 年在美国纳斯达克上市的京东同时发行两类股票。其中，A 类股票一股具有一份投票权，而 B 类股票一股具有二十份投票权。出资只占 20%的创始人刘强东通过持有 B 类股票获得 83.7%的投票权，实现了对京东的绝对控制。京东加入谷歌、脸书等众多发行具有不平等投票权的双重股权结构股票的企业行列实现了创业团队对公司实际控制，演绎了互联网时代劳动雇佣资本的新神话。而美国等一些国家由于允许发行双重股权结构股票，成为百度、奇虎、搜房、优酷、猎豹移动、YY 语音等中国知名企业选择上市的目标市场。

我们看到，无论是京东发行双重股权结构股票还是阿里的合伙人制度，它们的共同特征是以有限的出资额，通过实际或变相推出不平等投票权，实现了对企业的实际控制，形成了“铁打的经理人，流水的股东”的局面。那么，我们如何解释这些“阿里们”在控制权安排上通过不平等投票权的控制权安排而收获的“庆幸”呢？

对于这一问题，我们首先要从 2016 年诺贝尔经济学奖得主哈特发展的不完全合约理论和现代股份公司之谜说起。股份有限公司被经济学家巴特勒理解为“近代人类历史中一项最重要的发明”，这是因为在过去的 250 年中人类财富“几乎是垂直上升的增长”是与股份有限公司的出现联系在一起的。以往学者是从风险分担，以及借助股份有限公司实现的资本社会化与经理人职业化的专业化分工带来的效率提升方面来解释现代股份公司的出现。但上述视角始终不能解释为什么外部分散投资者愿意把自有资金交给陌生的经理人来打理，更何况伯利和米恩斯早在 1932 年就清楚地指出，外部分散股东面临所聘请的经理人挥霍的公司治理问题，将会使股东蒙受巨大损失，不仅“对过去三个世纪以来赖以生存的经济秩序构成威胁”，同时成为 20 世纪二三十年代大萧条爆发的重要诱因之一。我们把上述问题概括为现代股份公司之谜。

直到哈特等共同发展了不完全合约理论才对投资者为什么愿意出资组成股份公司并聘请职业经理人的现代股份公司之谜给出了系统一致的解释。我们看到，在决定是否组建现代股份公司的一刻，无论是外部投资者还是职业经理人都无法预期公司未来是否会发生重大资产重组和经营战略的调整。由于合约不完全，一旦投资，外部投资者将可能遭受实际控制公司的经理人通过资产重组等掏空公司资产使利益受到损害。我们把经理人通过资产重组等掏空公司资产等行为称为经理人机会主义。预期由于合约不完全导致的经理人机会主义行为的存在，投资者显然并不愿意出资，这使得利用资本社会化和经理人职业化提升效率的现代股份公司无法形成。但如果投资者享有该公司受法律保护的剩余控制权，即投资者有权通过股东大会投票表决的方式对未来可能出现的如资产重组等事项进行最终裁决，投资者就愿意出资，成为该公司的股东。通过上述控制权安排（习惯上称为产权安排），现代股份公司在一定程度上解决了以往由于合约不完全导致的投资者投资激励不足问题，使得现代股份公司成为名副其实的近代人类历史中一项最重要的发明。股权至上、同股同权等由此成为长期以来各国企业控制权安排实践的标准范式。

不完全合约理论很好地解释了为什么股东成为现代股份公司的所有者，从而揭示了同样作为出资人，债权人与股东权利为什么会不同背后的原因。但哈特的理论似乎并不能对持股比例低于主要股东软银、雅虎的马云创业团队实际控制阿里的现象做出更多解释。如果马云创业团队的人力资本投资是专用性投资，需要通过控制权安排进行专用性投资激励，那么软银、雅虎的投资就不是专用性投资，不需要相应的控制权安排来进行专用性投资激励吗？

由于合伙人制度和双重股权结构等均采用不平等投票权的控制权安排，在形式上似乎突破了以往流行的股东利益保护导向范式，被一些学者认为是公司治理从传统股东利益保护导向范式转向利益相关者利益保护导向范式的新证据。按照布莱尔等利益相关者论的观点，企业的经营决策影响所有利益相关者，经理人应该对所有利益相关者负责，而不能只对股东（一部分利益相关者）负责。梯若尔把其特征概括为经理人广泛的任务和利益相关者之间控制权的分享。专用性资产被利益相关者论认为是决定公司控制权的核心因素，不仅包括软银和雅虎等投资的物质资本，创业团队的人力资本同样可以成为阿里的专用性资产。随着创业团队资产专用性和资源关键程度的提高，阿里的控制权应该由创业团队与软银、雅虎等股东分享，而不是由软银、雅虎等股东独享。利益相关者理论看似可以为以不平等投票权为特征的新兴控制权安排模式提供部分解释。

然而，新兴控制权安排模式呈现出一些与利益相关者理论和预测不尽相同的特征。其一，在双重股权结构和合伙人制度推出之前，无论是马克思从阶级斗争的视角揭示资本对劳动的剥削，还是布莱尔呼吁应该由利益相关者共同治理都反映了一个基本事实：资本对公司控制权的放弃显得不情不愿。例如，1990 年美国宾州议会通过强调“董事应该考虑受他们决策影响的所有利益相关者的利益”的 36 号法案后，在该州注册上市公司总数的 33%的企业宣布退出至少部分条款。而合伙人制度、双重股权结构这些新兴控制权安排模式的出现却表明，不仅阿里主要股东软银、雅虎心甘情愿把控制权交给创业团队，而且持有 A 类股票的外部分散股东用实际购买行动表明愿意接受持有 B 类股票的创业团队对公司控制的事实。其二，通过合伙人制度和双重股权结构所实现的不平等投票权并非像利益相关者理论所预期的那样由利益相关者共同分享控制权，经理人向全体利益相关者共同负责，而是将控制权更加集中在阿里合伙人团队或持有B类股票的创业团队手中。因而，以不平等投票权为特征的新兴控制权安排模式一定意义上已经超越了资产“谁”更专用，或资源“谁”更重要的孰优孰劣的争论和优方雇佣劣方，或劣方被迫让渡部分控制权给优方的模式，开启了合作共赢新模式。在上述意义上，我们可以把以阿里合伙人制度与谷歌、京东等发行双重股权结构股票等实现的以不平等投票权为特征的新兴控制权安排模式称为现代股份公司控制权安排的一场“新革命”。

我们因此需要发展新的理论来回应上述现代股份公司控制权安排实践“新革命”对传统不完全合约理论与利益相关者理论的新挑战。

第一，我们需要了解这次控制权安排实践“新革命”发生的时代背景。

其一，在互联网时代，大数据的出现在使投融资双方的信息不对称问题有所减缓的同时，新兴产业快速发展反而使创业团队与外部投资者之间围绕业务发展模式的信息不对称加剧。当外部投资者习惯于基于现金流分析利用净现值法来判断一个生命周期特征明显的传统产业项目是否可行时，以互联网为代表的新兴产业快速发展使得他们甚至很难理解特定业务模式的现金流是如何产生的。我们看到，一方面，技术产生的不确定性使得投资者之间观点变得更加不一致，以至于认为股价虚高的股东很容易将所持有的股票转让给认为股价依然有上升空间的潜在投资者，使得现有股东与将来股东之间的利益冲突严重。另一方面，由于缺乏专业的知识和分析能力，外部投资者总体精明程度下降，不得不转而依赖引领业务模式创新的创业团队。

其二，在股权分散时代，以往经理人利用资产重组掏空公司资产等传统经理人机会主义行为倾向，逐步被门外野蛮人入侵等股东机会主义行为威胁所代替。随着人类社会财富的积累和资本市场制度的发展成熟，特别是互联网金融时代所带来的基于大数据等数据基础和云计算等分析技术，使得信息不对称程度缓解，外部融资门槛降低，以往相对稀缺的资本退化为普通的生产资料。需要资金支持的项目可以借助基于互联网的多种新金融模式实现外部融资，而不再受到资本预算瓶颈的限制。业务模式竞争背后更多反映的是人力资本的竞争。劳动（创新的业务模式）雇佣资本（通过互联网实现外部融资）的时代悄然来临。在劳动雇佣资本时代，作为新兴产业业务发展模式的引领者与管理效率提升者的创业团队的人力资本逐渐成为稀缺资源，合约不完全所引发的事前专用性投资激励不足问题，导致以往经理人利用资产重组掏空公司资产等传统经理人机会主义行为倾向，逐步被门外野蛮人入侵等股东机会主义行为威胁所代替。这集中体现在，最近几十年伴随着并购浪潮，资本市场频繁发生门外野蛮人闯入现象。美国的并购浪潮不仅使理论界与实务界认识到并购重组在缓解产能过剩、接管威胁在改善公司治理中的重要作用，同时也使人们意识到外部接管对创业团队人力资本投资的巨大威胁。例如，乔布斯由于控制权的不当安排一度被迫离开自己亲手创办的苹果公司。而万科股权之争开始使中国资本市场意识到门外野蛮人闯入威胁的真实存在。宝能通过举牌成为万科的第一大股东，一度提议召开特别股东大会，罢免以王石为首的万科创业团队。我们看到，门外野蛮人入侵如同重大资产重组和经营战略调整一样都是合约通常无法预期和涵盖的内容，因而在一定程度上都与合约的不完全有关。如果预期辛勤打拼创建的企业未来将轻易地被野蛮人闯入，以业务模式创新为特征的创业团队的人力资本投资激励将大为降低。因而，没有对野蛮人入侵设置足够高的门槛挫伤的不仅是创业团队人力资本投资的积极性，甚至会伤及整个社会创新的推动和效率的提升。

我们看到，上述控制权安排新模式的出现正是阿里们在新兴产业快速发展过程中面对信息不对称加剧和野蛮人入侵的股东机会主义行为频繁发生的时代背景下，所做出的自发选择和形成的内生决定的市场化解决方案。

第二，上述时代背景下，最优的控制权安排是在具有可承兑收入之间的创业团队与主要股东之间的状态依存。按照哈特的不完全合约理论，除了剩余控制权，产权所有者还具有剩余索取权，以此来实现剩余控制权与剩余索取权的匹配。这里所谓的剩余索取权指的是产权所有者将拥有在扣除固定的合约支付（如员工的薪酬、银行贷款的利息等）后企业收入剩余的要求权。受益顺序排在合同支付者之后决定了产权所有者享有剩余索取权的实质是承担企业生产经营的风险。在一定程度上，我们可以把剩余控制权理解为权利，而把剩余索取权理解为义务，二者的匹配意味着权利和义务的对称。假定没有资金投入的其他利益相关者（如普通员工等）与软银和合伙人团队一起分享阿里控制权，由于他们缺乏足够的以持股体现的可承兑收入来表明其所做出的未来承担风险的承诺是可信的，因此将对软银等股东未来投资激励产生影响。因而，成为产权所有者需要具备的基本前提是持有足够多的股份，具有可承兑收入。以阿里为例，持股只有7.6%的马云可以借助合伙人制度成为阿里的实际控制人，但并不持股的普通员工、消费者等利益相关者则并不能与合伙人团队分享控制权。按照阿里公司章程，当马云持股不低于1%时，合伙人对阿里董事会拥有特别提名权，可任命半数以上的董事会成员。在目前组成阿里董事会的11位董事中，除了5位独立董事和1位由第一大股东软银委派的观察员，其余5位执行董事全部由阿里合伙人提名。不仅如此，除了总裁迈克尔·埃文斯外，其余4位执行董事均由阿里合伙人出任。

所谓控制权的状态依存，指的是以提名主要董事为特征的阿里控制权，或者在企业正常经营时由创业团队掌握，或者在马云持股低于1%时由软银、雅虎等主要股东掌握。对于双重股权结构，持有B类股票的股东在出售股份后，这些股票将被自动转为A类股票。如果创业团队对未来业务模式的创新仍有信心，那就由创业团队继续担任公司的实际控制人，引领公司向前发展。如果创业团队对业务模式创新和新兴产业发展趋势不再具有很好的理解和把握，通过把B类股票转为A类股票，创业团队重新把控制权归还给股东，由股东根据价值最大化原则以及相关公司治理最优实践来选择能够为股东带来高回报的全新管理团队。

第三，上述状态依存的控制权安排的实质是完成了创业团队与外部投资者之间从短期雇佣合约到长期合伙合约的转化，实现了交易成本的节省。具体而言，它体现在以下四个方面。

其一，不平等投票权成为信息不对称下外部投资者在潜在项目中识别阿里们独特业务模式的信号。由于新兴产业快速发展使创业团队与外部投资者之间围绕业务发展模式的信息不对称加剧，一方面希望获得外部资金支持来加速独特业务模式发展的阿里们很难获得外部融资，另一方面外部投资者很难找到具有投资价值的项目，出现逆向选择的困境。此时，阿里们通过对公司实质控制的合伙人制度或双重股权结构向外部投资者发出不同于以往同股同权控制权安排模式的新信号。通过这一信号，创业团队清楚地告诉外部投资者，“业务模式你们不懂，但我们懂，你们只需要做一个普通出资者就够了”。这一信号使阿里们与其他基于同股同权的传统控制权安排模式的项目相区别，由此成为投资者关注的投资对象，进一步成为主要股东与创业团队建立长期合作共赢的合伙人关系的开始。

其二，借助合伙人制度所实现的长期合伙合约对短期雇佣合约的替代，软银等股东可以把自己无法把握的业务模式相关决策权交给具有信息优势且值得信赖的合伙人创业团队，实现信息的分享。在新的时代背景下，围绕业务模式的信息不对称在创业团队与外部投资者之间开展的新的博弈均衡是：一方面，软银等股东理性地把无法把握的业务模式相关决策权交给具有信息优势的阿里创业团队；另一方面，引领业务模式创新的阿里创业团队为软银等股东带来更加丰厚的投资回报。于是，在合伙人创业团队和软银、雅虎等股东之间通过认同合伙人制度彼此确立了长期合作共赢的合伙人（合作伙伴）关系，实现了从短期雇佣合约向长期合伙合约的转化和信息的分享。

其三，合伙人制度也是合约不完全下阿里创业团队防御野蛮人入侵等股东机会主义行为的重要门槛，因而成为鼓励创业团队进行更多人力资本投资的控制权安排模式。在软银、雅虎等股东的认同下，阿里创业团队以合伙人制度实现对阿里的实际控制，他们可以对不完全合约中尚未涉及事项的事后处置具有重要的影响力。由于阿里创业团队预期公司未来的运营管理将牢牢地控制在自己手中，对未来被控股股东扫地出门甚至外部野蛮人入侵等股东机会主义行为威胁变得不再担心。这样，当面对创业团队未来遭受包括外部野蛮人入侵等股东机会主义行为的可能性增加时，合伙人制度把创业团队与软银等股东之间雇佣与被雇佣关系转变为风险共担的合伙人，由此鼓励他们在充满不确定性的阿里业务发展模式中积极进行人力资本投资。

其四，在合伙人制度或双重股权结构这一长期合伙合约下，合伙人或持有B类股票的创业团队成为公司中事实上的“不变的董事长”或者说“董事会中的董事会”，实现了“铁打的经理人，流水的股东”局面。以阿里为例，一方面，通过管理团队的事前组建，合伙人制度提升了阿里的管理效率。我们看到，阿里80%的执行董事和几乎全部高管都由阿里合伙人出任，合伙人团队不仅事前形成阿里上市时管理团队的基本架构，以此避免以往团队组建过程中磨合所形成的各种隐性和显性成本，而且是阿里未来管理团队稳定的人才储备库。另一方面，通过事前组建的管理团队，合伙人制度也同时实现了公司治理机制的前置。对于无法回避的公司治理问题，现代股份公司通过董事会监督、经理人薪酬合约设计等公司治理机制来减缓代理冲突，降低代理成本。而阿里通过事前组建的管理团队，预先通过共同认同的价值文化体系的培育和员工持股计划的推行，使公司治理制度设计试图降低的私人收益不再成为合伙人追求的目标，从而使代理问题在一定程度上得以事前解决。

阿里合伙人制度通过事前长期共同文化价值体系的构建、收入分配架构和对合伙人持股的相关限定，在阿里赴美上市前，将所有合伙人从精神到物质（利益）紧紧捆绑在一起，与软银、雅虎等股东共同作为最后责任人来承担阿里未来经营风险。在一定意义上，软银、雅虎等阿里主要股东之所以愿意放弃坚持资本市场通行的同股同权、股权至上等原则，是向具有良好声誉和巨大社会资本，同时事前组建管理团队和公司治理机制前置的阿里创业团队支付溢价。

第四，并非所有的创业团队都可以通过推出合伙人制度或发行双重股权结构股票来形成不平等投票权的控制权安排模式，它需要一定的前置条件。仍以阿里为例，在 2014 年于美国上市使合伙人制度引起广为关注之前，创立于 1999 年的阿里早已成为驰名全球的企业间电子商务（B2B）著名品牌。由于在 2004 年推出第三方支付平台——支付宝，阿里进一步在互联网移动支付业务领域声名鹊起。从 2009 年起人为打造的双十一网购狂欢节，在 2015 年 11 月 11 日创下全天交易额 912.17 亿元的纪录。它不仅成为中国电子商务行业的年度盛事，并且逐渐影响到国际电子商务行业。这些电子商务业务发展“领头羊”的良好声誉使得阿里在与外部投资者合作的讨价还价过程中居于十分有利的地位。此外，创业团队不仅作为阿里股份的实际持有人具有可承兑收入，而且通过与员工、供货商、银行和政府建立长期稳定关系形成了巨大的社会资本。这些因素共同构成了阿里创业团队与软银、雅虎等股东构建长期合伙合约关系的基础。

我们把不同控制权安排模式下交易成本节省途径的比较总结在表 5 中。

表 5　不同控制权安排模式下交易成本节省途径的比较

	股权至上	合伙人制度	双重股权结构	利益相关者
控制权安排模式	同股同权	不平等投票权	不平等投票权	控制权分享
控制权是否分享	股东独享	股东与创业团队控制权状态依存	股东与创业团队控制权状态依存	在不同利益相关者之间分享
信息不对称	信息不分享	信息分享	信息分享	信息分享
合约不完全	分享不共担	分享共担	分享共担	分享不共担

续表

	股权至上	合伙人制度	双重股权结构	利益相关者
管理团队事前组建	否	是	否	否
公司治理机制前置	否	是	否	否
短期雇佣合约或长期合伙合约	短期雇佣合约	长期合伙合约	长期合伙合约	长期合伙合约

阿里合伙人制度和京东等双重股权结构实现的以不平等投票权为特征的控制权安排新革命带给我们的启示是：首先，无论是阿里合伙人制度还是京东等双重股权结构都是以具有可承兑收入的创业团队与主要股东之间的状态依存为形式，通过创业团队与外部投资者之间从短期雇佣合约到长期合伙合约的转化，实现交易成本的节省为内容的控制权安排新革命。它的核心依然是面对合约不完全，如何通过控制权安排模式的选择来鼓励专用性投资，以解决专用性投资的激励不足问题。

其次，控制权安排新革命的出现是阿里们在新兴产业快速发展过程中面对信息不对称和合约不完全问题时自发形成的市场化解决方案。阿里们的实践再次告诉我们，理论是灰色的，但生命之树常青。这事实上同样是我国从改革开放以来持续进行市场导向的经济转型的背后原因，因为市场总会内生地创造出一些新的控制权安排模式以更加有效地适应外部环境的变化。

再次，在我国公司治理实践中，我们应该摒弃“你雇佣我”还是“我雇佣你”的思维，建立全新的合作共赢的合作伙伴的新思维。我们看到，一方面，软银等股东理性地把无法把握的业务模式相关决策权交给具有信息优势的阿里创业团队。软银并没有像通常预期的一样强调自己第一大股东的身份，而是放弃控制权，在某些人看来不可思议地成为被合伙人团队这一劳动雇佣的资本。另一方面，引领业务模式创新的合伙人团队为软银等股东带来更加丰厚的投资回报。王石团队、华润和宝能都希望摆脱“悲催”的命运，但当围绕“谁的万科”争论不休时，我们从阿里合伙人制度运行中看到的是，“阿里不仅是软银、雅虎的，也是合伙人的”。从万科到阿里，我们看到，谁的控制权安排模式更加有利于创业团队与主要股东之间开创互利互惠、合作共赢的新局面，谁将更可能收获庆幸。

最后，同样不容忽视的是，并非王石团队、华润和宝能不希望摆脱陷入“谁的万科”之争的“悲催”命运，而是受到现实制度的种种限制和束缚。以阿里为例，当初阿里之所以无法在A股上市，或将其B2B业务挂牌在香港上市，与我国内地和香港地区都不允许发行具有不平等投票权的股票有关。前CEO陆兆禧在阿里放弃在中国香港上市后曾无奈地表示，“今天的中国香港市场，对新兴企业的治理结构创新还需要时间研究和消化”。有趣的是，当初以违反同股同权原则为由拒绝阿里上市的港交所在2015年年中发布公告，拟有条件允许公司采用同股不同权架构在港上市。

而为了改变待宰羔羊的地位，万科王石创业团队长期以来进行了不懈的努力。例如，万科是我国最早推出以项目跟投和员工持股为特征的事业合伙人制度的企业之一。这里需要说明的是，阿里在美国上市推出的合伙人制度与包括万科在内的我国很多企业推行的事业合伙人制度并不完全相同。前者通过在与控股股东的一致行动协议和公司章程的明确规定，使合伙人对阿里董事会组织具有实质性影响，使得阿里合伙人制度成为受法律保护的控制权安排行为。而万科等推行的事业合伙人制度则由于缺乏法律和股东的认同，在很大程度上演变为一种员工自组织行为。万科事业合伙人制度甚至一度被一些媒体批评为管理层掏空上市公司，实现内部人控制的手段。

因此，万科的“悲催”不仅仅与固有的“谁雇佣谁”的传统意识作祟有关，同时与我国资本市场股票发行制度的限制和束缚有关。在这一意义上，万科的“悲催”不仅仅是王石创业团队、华润、宝能的“悲催”，也是我国资本市场的股票发行制度的“悲催”。未来中国资本市场应逐步放松对一股一票原则的要求，允许新兴产业创业团队以发行具有双重股权结构的股票上市，甚至像阿里一样推出合伙人制度。至于是否有投资者愿意购买形式和实质具有不平等投票权的股票，并以什么价格购买，市场将会形成理性的判断。而上述制度的实际推出不仅需要中国资本市场在法律层面突破上市公司发行一股一票的限制，而且需要赋予上市公司在公司章程等制定上更多的自由裁量权。

阿里现代合伙人制度的历史痕迹

不管级别多高的CEO，在股东面前依然是打工仔（所谓高级打工仔）。这一观点长期以来似乎并未受到太多挑战，即使是对于那些高级经理人而言。特别是在2016年诺贝尔经济学奖得主哈特提出现代产权理论之后，这一观点更是变得天经地义。

按照哈特的理论，为了鼓励股东在合同不能清楚刻画未来事项的情况下（不完全合约）出资，应该让股东成为公司治理的权威，主导公司经营管理决策。股东一方面可以通过股东大会对合约未规定的重要事项以集体表决的方式进行最后裁决，另一方面可以对由股东本人（集体）做出的错误决定（以出资额为限）承担相应的（有限）责任。哈特的理论由此为经理人作为打工仔和股东作为老板，二者的雇佣与被雇佣的关系认知提供了理论解释视角。

然而，由股东还是经理人成为公司治理权威，主导公司经营管理决策这一看似不是问题的问题其实从来都是一个问题。无论是古代还是现代都不乏挑战股东作为公司治理权威的案例。

现代的例子是合伙人制度下的阿里和双重股权结构下的京东。与哈特理论预期不一致的是，合伙人制度下阿里的大股东软银和雅虎（持股31.8%的软银和15.3%的雅虎放弃了在董事会组织中委派董事的权利，软银仅仅委派了1名没有投票权的观察员）和京东发行的AB股的A类股票持有人（与B类股票一股二十票表决权相比，A类股票一股只有一票表决权）部分放弃，甚至全部放弃控制权，却依然愿意成为阿里和京东的股东。更让人惊奇的是，阿里和京东的这些股东在部分，甚至全部放弃控制权的情况下，不仅没有像哈特理论所预期的那样由于合约不完全遭遇经理人事后的敲竹杠，反而从长期合作共赢中赚得钵满盆满。

古代的一个例子则是旅蒙晋商大盛魁所推行的万金账制度。在清康熙年间，由早年走西口、做旅蒙贸易的王相卿、张杰和史大学三人初创的商号大盛魁，据说在鼎盛时其红利加本金可以“用五十两一锭的银元宝从库伦（今蒙古国乌兰巴托）铺到北京”。以“放印票账”出名的大盛魁曾经使“蒙古的王公贵族及牧民大多都是它的债务人”。

被后世誉为“晋商第一商号”的大盛魁，除了在激励员工上采用了当时晋商普遍采用的，今天被称为员工持股计划的银股身股制度外，还在实践中摸索出一项重要控制权安排制度创新——万金账制度。从早期“东家出财股，掌柜的占身股”的控制权安排出发，在秦钺担任大盛魁掌柜的时代，经过与长期脱离经营管理事务的王张史三家后人的斗争，把商号的性质改变为类似于今天东家和掌柜合伙经营的局面。按照双方达成的协议，王张史三家获得“永远身股”，其中历史上贡献最大的王家为一股五厘，其余张史两家各一股。每三年一个账期，每股红利银一万两。其余30多被称为“人力股”的股则由掌柜和重要伙计（所谓的伙友）分享。为了表示对王张史三家创业者的尊重，伙友所获得的人力股规定不得超过王张史三家，最高只能拿九厘九毫，而且在伙友退休两个账期后终止。通过从以往银股到“永远身股”的转化，原来作为东家的王张史三家从承担无限连带责任，转为只承担相对有限的责任，而包括掌柜和伙计在内的伙友所承担的连带责任则相应增加。

我之所以把上述控制权安排称为万金账制度而不是其他，是由于上述控制权安排事实上形成了“不属于任何人，谁都不能分”的万金账，由此确立了大盛魁的东家和掌柜合伙经营，但由掌柜全权负责，主导经营管理决策的治理架构。为了维护万金账“不属于任何人，谁都不能分”这一核心制度，大盛魁进行了精心的制度设计。例如，在大盛魁，并不是每个人都可以查看万金账。只有得到象征获得高级身份的“已”字落款的掌柜和伙计才具有查看万金账的资格。

大盛魁的上述制度安排让我们自然地联想到阿里变相实现同股不同权的合伙人制度。合伙人制度的核心同样是建立了属于合伙人集体的“不属于任何人，谁都不能分”的万金账，由此成为主要合伙人长期合伙的制度基础；而对查看万金账的限制则类似于阿里合伙人制度对主要合伙人权利和义务的相应规定。正是看到大盛魁的万金账制度与阿里合伙人制度上述类似性，我倾向于把大盛魁的万金账制度认为是现代阿里合伙人制度的雏形。

我们看到，无论是几百年前大盛魁的万金账制度还是如今阿里实行的合伙人制度，它们共同遵循的逻辑显然不是哈特强调的股权至上，而是长期合伙。王张史三家（阿里主要股东软银、雅虎）通过放弃哈特意义上的控制权，退化为普通的伙友（合伙人），一方面将自己并不熟悉的经营管理决策权交给专业的掌柜（创业团队），自己专注风险分担，由此实现了资本社会化和经理人职业化的专业化的深度分工，提升了经营管理效率；另一方面，通过万金账（合伙人制度），大盛魁（阿里）将东家（阿里主要股东软银、雅虎）和掌柜（阿里合伙人）的利益紧紧捆绑在一起。从此，东家不再是简单的东家，掌柜不再是简单的掌柜，而是成为合伙人，实现了从以往短期雇佣合约向长期合伙合约的转化，为未来长期合作共赢奠定了基础。区别于哈特强调股权至上的现代产权理论，我把上述思想称为长期合伙理论。

从大盛魁和阿里的例子我们看到，控制权怎样安排才能更加有效其实不仅是一个在理论上可以探讨的问题，更是一个在实践中不断摸索的问题。例如，大盛魁在发展历史上一度推出今天看起来十分荒谬的“财神股”。为了感谢三位创办人在草原穷途末路时慷慨解囊，为他们留下后来成为本金的喇嘛，他们为视为财神化身的喇嘛设立了“财神股”。当然，不管控制权安排是由东家主导，还是由东家和掌柜合伙主导，在理论探讨和实践摸索中，如何更有利于经营管理效率提升这一基本原则始终没有改变。

阿里合伙人制度与马云的传承

在阿里对中国人衣食住行方方面面影响无处不在的今天，马云的“退休”引起了人们的普遍关注。企业传承无疑是困扰工商管理理论和实践的世界性难题。如果说阿里的这次传承和以往无数的企业传承有什么不同之处，那就是阿里从2009年开始建立的独一无二的合伙人制度将成为阿里文化传承和持续发展的凭借。这次马云的退休也为我们观察合伙人制度在企业传承中扮演的独特角色带来契机。

说起合伙人制度，很多人把它与一些房地产企业普遍采用的基于项目跟投、盈亏分担的事业合伙人制度联系在一起。事业合伙人制度是公司上市后（事后）由部分高管和员工发起的自组织持股和投融资平台。由于缺乏公司章程的背书和股东的认同，具有道德风险倾向的事业合伙人制度有时被认为是公司管理层加强内部人控制的手段。

阿里合伙人制度创立于2009年，因公司初创于湖畔花园，故该制度又被称为湖畔花园合伙人制度。设立的初衷是希望改变以往股东和管理团队之间简单雇佣模式，打破传统管理模式的等级制度。用阿里前执行副主席蔡崇信的话说，“我们最终设定的机制，就是用合伙人取代创始人。道理非常简单：一群志同道合的合伙人，比一两个创始人更有可能把优秀的文化持久地传承，发扬”。必须在阿里工作5年以上，具备优秀的领导能力，高度认同公司文化，并且对公司发展有积极性贡献，愿意为公司文化和使命传承竭尽全力等由此成为阿里合伙人必备的条件。合伙人每年通过提名程序向合伙委员会提名新合伙人候选人。在被提名阿里合伙人之后，先要通过为期一年的考察期，然后进行合伙人投票，得票数不得低于75%。按照马云的说法，合伙人既是公司的运营者、业务的建设者、文化的传承者，同时又是股东，因而最有可能坚持公司的使命和维护公司的长期利益，为客户、员工和股东创造长期价值。

与事业合伙人制度不同，阿里合伙人制度首先是上市前（事前）获得公司章程背书和股东认同对未来公司控制权安排的基本公司治理制度。从阿里上市时的股权结构来看，第一大股东日本孙正义控股的软银和第二大股东雅虎分别持有阿里 31.8%和 15.3%的股份。阿里合伙人共同持有13%，其中马云本人持股仅 7.6%。然而，阿里董事会的组织并非我们熟悉的一股独大下大股东软银主导下的大包大揽。根据阿里公司章程的规定，合伙人有权任命董事会的大多数成员。这意味着在主要股东的支持下阿里合伙人上市前即获得了委派超过持股比例董事的所谓超级控制权，形成了事实上的不平等投票权。这同样是没有发行 AB 双重股权结构股票的阿里当时申请在港交所上市时，被认为违反同股同权原则遭拒而不得不远赴纽交所上市的原因。换句话说，阿里通过推出合伙人制度变相实现了同股不同权。

阿里合伙人制度由此具有了类似发行双重股权结构股票一样的公司治理功能。例如，它可以使合伙人专注业务模式创新，使软银、雅虎等股东专注风险分担，二者之间的专业化分工程度加深，管理效率提升；它可以向投资者展示持有超级控制权的合伙人对公司业务模式的自信，成为投资者在资本市场中识别阿里独特业务模式和投资对象的信号；它可以有效防范野蛮人入侵，实现从以往短期雇佣合约向长期合伙合约的转化等。同股不同权的合伙人制度看似投票权的不平等背后却更好地实现了投资者权益的平等保护，从长期看给投资者带来更多的回报。2014 年阿里上市时的市值为 1 700 亿美元，而在 2018 年马云宣布退休前夕短短 4 年的时间市值超过 4 000 亿美元。

除了具有类似发行双重股权结构股票一样的公司治理功能外，在理论上，合伙人制度与双重股权结构股票相比，还有助于一个企业的自然传承。这是未来需要围绕马云的退休和阿里的传承所需要进一步观察的。

其一，合伙人事实上成为公司中“不变的董事长”和“董事会中的董事会”，形成了“铁打的经理人，流水的股东”格局，实现了管理团队事前组建。阿里大部分的执行董事和几乎全部重要高管都由阿里合伙人团队成员出任。合伙人团队不仅事前形成阿里上市时管理团队的基本架构，避免以往团队组建过程中磨合所形成的各种隐性和显性成本发生，同时成为阿里未来管理团队稳定的人才储备库。我们看到，马云的接班人张勇，彭蕾的接班人井贤栋，都是在合伙人群体中诞生的。阿里合伙人中，除了马云、蔡崇信两位永久合伙人，其他都要经过提名、考察和投票选出来。2013 年，马云卸任阿里 CEO，从那时起，阿里已经经历了多次交接班。2013 年陆兆禧接任阿里 CEO，2015 年张勇接任 CEO，集团 70 后全面掌权；2016 年井贤栋接任蚂蚁金服 CEO 并在一年半后接任董事长。不仅是阿里和蚂蚁，阿里云、菜鸟等阿里系的重要板块也都完成了至少一次的管理团队交接。我们看到，在阿里合伙人机制下，交接班是常态。外界也能够清晰地感知到，阿里的战略从未因人事变动而发生变化。

其二，通过事前组建管理团队，合伙人制度也同时实现了公司治理机制的前置。对于一个现代股份公司无法回避的公司治理问题，董事会监督、经理人薪酬合约设计等公司治理机制被广泛用来减缓代理冲突，降低代理成本。而阿里通过事前组建管理团队，预先通过共同认同的价值文化体系的培育和员工持股计划的推行，使公司治理制度设计试图降低的私人收益不再成为合伙人追求的目标，从而使代理问题在一定程度上得以事前解决。正如蔡崇信在 2014 年致信港交所时说的那样：“我们从没想过用股权结构的设置来控制这家公司，我们只想建立并完善一套文化保障机制。”这一套机制让阿里有了“灵魂”，使阿里的使命和文化得以坚守和传承，不因个人职务的变动而发生变化，也正是基于这个机制形成的合伙人团队，使阿里得以不为短期利益所惑，坚定地执行阿里经济体面向未来的战略，让客户、公司和所有股东的长期利益得到实现。阿里合伙人制度由此通过事前长期共同文化价值体系的构建、收入分配架构和对合伙人持股的相关限定，将所有合伙人从精神到物质（利益）紧紧捆绑在一起，与软银、雅虎等股东共同作为最后责任人来承担阿里未来经营风险。在一定意义上，我们认为，软银、雅虎等阿里主要股东之所以在上市前愿意放弃至关重要的控制权，是向具有良好声誉和巨大社会资本，同时事前组建管理团队和公司治理机制前置的阿里创业团队支付溢价。

回顾很多企业在传承中出现的问题，往往是由于对基于创始人的历史贡献形成的权威文化处置不当。权威文化对企业的发展和传承无疑是一把双刃剑，它既可以成为企业持续发展的稳定器，又可能为企业未来发展留下隐患。我们看到，即使合伙人制度使阿里形成事前组建管理团队和公司治理机制前置等优势，但如果创始人恋栈，错过最佳的接班时机同样会触发权威文化的负面效应。

十分庆幸的是，阿里合伙人很早即设立了退休制度。按照相关规定，自身年龄以及在阿里工作的年限相加总和等于或超过60年，可申请退休并继续担任阿里荣誉合伙人。这使得阿里合伙人成为一个不断吐故纳新的动态的实体，以组织制度而非个人决策的方式，确保公司使命、愿景和价值观的可持续性。

马云的退休和阿里的传承也使我们认识到制度对于一个企业传承的重要性。其中，实现管理团队事前组建、公司治理机制前置和建立退休制度的合伙人制度无疑在未来可观察的阿里传承中扮演极为重要的角色。我们知道，合伙人制度是基于阿里文化背景形成的独一无二的制度，它不仅变相实现了被很多高科技企业青睐的同股不同权控制权安排模式，而且为阿里传承进行了积极的制度准备。但这一制度可以在多大程度上被其他企业复制值得我们未来进一步观察和思考。理论是灰色的，但生命之树常青。我们相信，如同阿里面对新兴产业快速发展过程中的诸多问题，自发形成市场化解决方案一样，随着我国改革开放以来持续进行的市场导向经济转型的完成，未来会有越来越多的企业在市场经济的大环境中内生地创造出一些新的制度来保障企业的顺利传承和基业长青。

股权激励篇

8

信誉楼和恒信：实施员工持股计划，它们做对了什么？

实施员工持股计划在公司治理实践中是“一等的难事”。它需要使员工相信，未来公司实际控制人愿意与持股的员工“有福同享，有难同当”，员工持股后真能分到红。而这一点事实上即使对一些已成为公众公司，可以借助资本市场来降低员工持股计划设计和运行成本的上市公司来说有时也很难做到。那么，实施员工持股计划，信誉楼和恒信这两家民营企业做对了什么呢？

作为基础薪资和奖金的补充，员工持股计划在传统上一直被认为是协调股东与员工利益，激励员工的重要手段。然而，实施员工持股计划在公司治理实践中却是“一等的难事”，即它需要使员工相信，未来公司实际控制人愿意与持股的员工“有福同享，有难同当”，员工持股后真能分到红。而这一点事实上即使对一些已成为公众公司，可以借助资本市场来降低员工持股计划设计和运行成本的上市公司来说有时也很难做到。否则我们就不会观察到，一方面是今天监管当局对上市公司越来越严的信息披露要求和频繁的监管处罚，另一方面则是一些上市公司层出不穷的盈余管理、财务造假和关联交易，甚至侵吞、占用和转移资金。

然而，对于上市公司都很难做到，让持股员工相信实际控制人会拿出真金白银分红的员工持股计划，却出人意料地被来自河北省的两家并未上市的民营企业做到了。

2019 年 6 月 22 日，在河北石家庄举办的公司治理与企业成长高端论坛上，我有幸与来自河北的两位企业家进行了面对面的交流。其中一位是来自河北黄骅信誉楼百货集团公司的穆建霞董事长，另一位是来自河北石家庄恒信集团的武喜金董事长。那么，这两家实施员工持股计划的民营公司是如何做到让持股员工相信是真分红？换一种说法，实施员工持股计划，这两家民营企业做对了什么呢？

我们首先看来自河北黄骅的信誉楼。作为一家百货公司，首先让我感到惊讶的是，在电商对实体店冲击如此惨烈的今天，信誉楼是如何生存下来的？事实上，它不仅做到了持续生存，还做到了稳健发展。在成立的 35 年间先后开设自营店 33 家，如今依然保持持续扩张的态势。根据我的观察和理解，它的经营之道，其一在于细分市场的精准定位。例如，它往往选择在城乡接合部，或者电商有时无暇顾及，甚至不屑顾及的县城和乡村选址开店；其二是多年来它培养了一批非常优秀的员工队伍，建立了完善售后服务体系，形成了很好的顾客忠诚度。这些经验丰富的买手（柜组主任）十分了解和清楚顾客需要什么样的商品和服务，并提前帮顾客采购到店内，使顾客乘兴而来满意而去。这个规模大约 6 000 人的买手团队及相关管理人员，我认为是信誉楼借助人力资本完成的一种大数据人工采集工程。当然，从信誉楼的成功中我们看到，中国巨大的市场需求，除了促进了电商和沃尔玛、物美等零售行业中的正规军如火如荼的发展，还会为信誉楼这样的品牌卓越、顾客忠诚度高、商品价格优势明显和售后服务优良的传统零售企业留下充足的发展空间。

那么，信誉楼是如何将庞大的导购员队伍和管理团队激励得如此充分呢？这就离不开它可圈可点的公司治理机制设计。概括而言，其核心激励制度有两个：一是员工持股计划；二是退休安置金制度。员工退休后可以一次性拿到一笔高额的安置费，这使得每个员工有稳定的预期，愿意“终身”以信誉楼为家。如果说退休安置金制度侧重解决的是退休后的保障问题，员工持股计划则侧重解决员工当下的激励问题。这就回到刚才我们提出的问题。信誉楼是如何让这些员工相信不仅当下能从信誉楼的发展中分到红，而且未来退休时可以真的拿到一笔数额不菲的退休安置金？

从股权结构设计来看，它主要针对不同的岗位设计员工持股计划，而且明确规定个人持股的最高上限不超过 5%。股权不允许继承（包括创始人）和自行转让，拥有收益权、选举权和被选举权。作为创始人，张洪瑞目前持股不足总股本的 1%，截至 2018 年底，持有岗位股的星级导购员、柜组主任及以上级别的管理人员达 9 000 多人。按照董事长穆建霞的介绍，张洪瑞于 1984 年在创业之初就明确表示："我干信誉楼不是为个人发财，我就想干一番事业。我搭台，让员工唱戏，都唱个大红大紫。"他的创业初衷后来被延伸为信誉楼的企业使命，那就是"让员工体现自身价值，享有成功人生"。一心只想强调信誉楼"不追求做大做强，追求做好做健康，追求基业长青"的张洪瑞并不想把信誉楼做成家族企业，目前他的三个子女只是信誉楼的高层管理人员。他的一个朴素理想是，在 300 年后还有人能记起一个名叫张洪瑞的人曾经创办了一家称为信誉楼的百货店就足够了。另外，据穆建霞介绍，老实人张洪瑞最初并不愿进入被认为是无商不奸的商业领域，善于为他人着想是他的思维习惯，诚信是他做人做事的本分，信誉楼的公司名称也由此得名。因而，从张洪瑞到信誉楼，天然具有诚实的基因，当然愿意与员工共享未来，而不是成就一个家族企业。

上述分散的股权结构和企业诚实的基因固然有助于建立员工信任，但在我看来，一个更为重要和根本的制度是它建立了一个员工可以直接参与，并表达权益诉求的公司治理架构，那就是他们以直接选举方式产生的董事会组织。信誉楼董事会每四年换届一次。在 2016 年举行的由 700 多名岗位股股东代表参加的第二十二次岗位股股东代表大会上，经过监事会提名产生 121 名董事候选人，然后从这些提名的候选人中差额选举出 46 人组成董事会，加上从社会聘请的独立董事 3 名，组成成员共 49 名的董事会，此外还有 16 名候补董事。

应该说信誉楼在现代公司治理制度十分重要的董事会建设中创造了中国公司治理实践中的两个“奇迹”。其一，股东大会参加的人数。这个被称为岗位股的股东代表大会的参会规模一度达到700人。在中国上市公司治理实践中，在一股独大或相对控股的股权结构下，鲜有外部股东愿意花时间和精力参加根本无法左右议案表决结果的股东大会。股东大会往往是列席的董事和高管人数超过代表少数大股东的股东代表的人数。这是中国上市公司股东大会的常态。然而，在信誉楼，同时有高达700人的岗位股股东代表参加股东大会，这将是怎样的一个情景？这让我联想到伯克希尔-哈撒韦公司盛况空前的股东大会。其二，由49位正式董事（现增补到52人）和16位候补董事组成的董事会。在今天公司治理流行小的董事会规模的趋势下，52位董事同时开会又将是怎样的一个场面？按照穆建霞的介绍，在董事会召开会议前，公司会把议案提前留出足够的时间让董事进行充分的准备；在董事会期间，每个董事可以畅所欲言自由表达；最后则以投票表决的方式按简单多数原则形成董事会的最终议案。

由于是针对岗位设计员工持股计划，信誉楼岗位股的股东代表和提名的董事候选人以及最终选举出来的董事彼此都相对熟悉。通过上述提名和选举，信誉楼把股东公认的公道正派、能力强和有担当的董事选举出来。我们看到，信誉楼公司治理制度建设无意中契合了现代政治制度民主选举的原理。通过直接选举方式使所选举的代理人真正向大部分公众负责。在信誉楼，通过上述董事提名和选举过程，持有信誉楼股票的员工一方面相信能把维护自身权益，严格履行承诺的董事选出来；另一方面，更加重要的是，相信他们有渠道（参与提名和选举）来保障自己的权益，因此也愿意相信公司向其做出的分红和发放退休安置金的承诺是可信的。我认为这是信誉楼在员工持股计划实施中做对了些什么的关键。

当然，信誉楼在公司治理制度建设中取得的成就不限于此。例如，在实践中，按照穆建霞的介绍，他们严格实行董事会、监事会和总裁“立法权”、“监督权”和“行政权”三者的独立和制衡等。如今创始人张洪瑞和董事长穆建霞积极思考的问题是，如何设计一个无终极所有者的股权制度安排。我们看到，不关注控制权，不一味为了控制而控制，往往能获得更为长久的控制权。这是公司治理实践中控制权安排的悖论，当然在一定意义上也是人生哲学的悖论。我认为，这同样是信誉楼在电商围追堵截的今天能够杀出一条血路、冲出重围十分重要的公司治理制度保障。

另一家同样让我在公司治理制度设计上印象深刻的是来自河北汽配产业的恒信集团。我注意到，全员持股的恒信在公司治理制度设计上与主要针对管理层持股的信誉楼有殊途同归之趣和异曲同工之妙。

在实践中，恒信设计出一套十分复杂的股份合作制下的全员持股计划。除了包括普通股和各种名目繁多的优先股在内的资金股，他们还设计了劳务股，形成了具有恒信特色的员工持股计划。以恒信的劳务股为例。他们把劳务股大体分为四类。（1）工龄股，在恒信工作时间越长，获得的工龄股越多；工龄股不能转让，离开的时候自动清零；工龄股的设计意味着员工的离职成本会很高，鼓励员工对企业的忠诚。（2）岗位股，岗位股与员工当年度职务、岗位和履职情况挂钩，随着岗位变化该股同步变更；一年一累积，当年清零，这一设计原理特别类似于我们的岗位固定津贴。（3）积分股，积分股是对员工遵守公司制度采取的一项数量化考核体系，例如，员工每天完成一条总结信息、每天参加晨会、通过钉钉签到签退、参加体育锻炼和公司集体活动、遵守公司所有制度办法等，都会获得相应的积分股。积分股一年一统计，不跨年统计。以上三种劳务股与员工个人所在部门的效益无关。这三种劳务股占普通股收益的比例逐年提升，目前已达到21%。（4）超额分红，超额分红只与每个部门每个员工的效益挂钩，类似于通常的年终奖励。我们看到，恒信集团在实践中摸索出了一套行之有效的以股权设计方式完成的复杂的薪酬设计。

与信誉楼面临的类似的问题是，这样复杂的股权设计凭什么让恒信持股的员工相信，这一切都是真的，不是假的。在恒信的员工持股计划中，一个十分重要的制度安排是任何单一股东持股比例最高不能超过20%，即使是创始人兼董事长的武喜金同样不能超过此线。之所以做这样的规定，按照武喜金的介绍，就是希望避免出现一个人说了算的局面，通过股权制衡形成一种自动纠错机制，从而避免恒信在重大战略决策上犯大的错误。

除了在股权设计上避免一股独大的限制，恒信取信于员工的一个十分重要的制度保障，在我看来，依然来自基本的董事会组织等公司治理制度。恒信大约每三年选举一次董事。董事会与监事会的候选人资格必须满足以下四个硬性条件：最少持有 30 000 股普通股，在分公司经理以上岗位任职一年以上，积分不低于 80 分，在恒信工作时间不低于 906 天。符合上述要求的员工都可以提前一年报名参加董事和监事的竞选。股东提前半年开始向各位候选人提出问题。竞选时允许职员和股东家属列席，同时欢迎社会人士列席监督。在候选人向股东所提问题答辩之后，由股东投票选举两会的各个席位。

在众多的董事候选人中，根据得到股东投票的多寡选举出排名前 9 的人员来。其中，前 7 名成为正式的董事，排名位居第 8 和第 9 的两位成为候补董事。监事的选举同样如此。共选出 5+2 名来，前 5 名是正式监事，后 2 名则是候补监事。而候补董事和候补监事这些对不少公司治理的研究者和实践者来说已经十分新鲜的概念，其实还不是恒信最有趣的公司治理制度设计。最有趣的是，他们居然根据选举得票的多寡在董事和监事中排了序。也就是，他们有排名第一的第一董事和第一监事。容易想到，同样是董事，排名第一的董事所包含的员工股东对他的信任程度与对公司重大决策的影响力自然是与排名第七的董事不同。如果一个董事辜负了员工股东对他的信赖，等待他的将是三年后董事选举的排名靠后，甚至直接落选。

同样值得一提的是，恒信议事会由董事会、监事会和总经理组成，每旬末晚上召开例会，那些不在石家庄的高管成员通过网络参会。议事会允许所有股东列席，允许远程视频参加，让股东了解集团决议的形成过程。在每月末最后一天召开的职员（员工）大会上，公司会专门解读当月议事会决议并介绍集团近期发生的大事。我注意到，与信誉楼一样，恒信把做久做稳看得高于做强做大，把百年公司当成公司治理的主要目标。普通股股东不偏重能力和学历，最看重的是能否长期在公司干下去，看重忠诚度。在我看来，恒信就是通过这样一系列员工广泛参与的公司治理制度和透明公正的企业文化使每位员工都相信，公司是在玩真的。那些分红和各种各样的股权设计兑现又有什么理由值得怀疑呢？

我们看到，建立让每位持股员工有权参与和说“不”的公司治理制度，使每位员工股东相信管理层说的每句话，做的每件事都会兑现，这才是一些上市公司都很难推进的员工持股计划在信誉楼和恒信两家公司得以顺利推进的关键所在。

通过信誉楼和恒信的简单案例分析，我们事实上看到了在员工持股计划的实施过程中的十分重要的问题，那就是，设计员工持股计划固然十分重要，但更加重要的是要让持股受益人相信这一计划并非永远停留在计划阶段，而是真的可以实施。从这两个案例的讨论中，我们也看到，一个好的公司治理制度的设计和运行不仅仅是为了使股东可以行使所有者权益，还为了使股东或员工相信这是未来实施包括员工持股计划在内的各项计划的庄严的制度承诺。正是因为有了这样的制度承诺，即使像信誉楼和恒信这样的民企也可以实施今天一些公众公司都无法做好和做对的员工持股计划。我们看到，这恰恰是作为民营企业的信誉楼和恒信在实施员工持股计划上做得对的地方。

9

碧桂园：发展到今天，他们做对了什么？

碧桂园在多年的房地产经营管理实践中创造了房地产开发主动融入学校规划建设的“中国式学区房”等很多新概念。碧桂园目前无论是营业收入还是销售利润都稳居中国综合性房地产开发商第一名，是中国房地产业新的龙头。2020年8月，碧桂园位列《财富》世界500强榜单第147位。那么，成为今天的碧桂园，以创始人杨国强为首的碧桂园管理团队究竟做对了什么呢？

2019年6月27日，我有幸和其他财经专家考察团受邀赴广东顺德碧桂园总部调研，并与包括碧桂园集团总裁莫斌、副总裁程光煜、副总裁朱剑敏等在内的高管进行座谈。经过几年的发展，碧桂园目前无论是营业收入还是销售利润都稳居中国综合性房地产开发商第一名，是中国房地产业新的龙头。碧桂园旗下目前拥有三个上市平台，在中国内地所有省区都拥有物业开发项目。从2011年开始，碧桂园开始进军海外市场，目前在马来西亚、澳大利亚等地拥有开发项目。2018年7月，碧桂园位列《财富》世界500强榜单第353位。

碧桂园在多年的房地产经营管理实践中创造了房地产开发主动融入学校规划建设的“中国式学区房”等很多新概念。其中，2012年碧桂园首推名为“成就共享”的项目跟投激励制度，成为中国房地产业事业合伙人制度的开始。之后首创置业、万科、越秀、金地等房地产企业纷纷跟进。那么，成为今天的碧桂园，以杨国强为首的碧桂园管理团队究竟做对了什么呢？

首先，在经营策略选择上，碧桂园多年来在住房产业链条上围绕“提供一个温暖（五星级）的家”这一核心理念进行了精耕细作式的集约化发展。提起今天的碧桂园，购买住房只是享受碧桂园一条龙服务的开始。在成为房子的主人后，你所享受的物业服务可能来自碧桂园；你购买的日常用品可能来自作为小区配套设施的碧桂园旗下零售凤凰优选；你的子女可能在同样作为小区配套设施的碧桂园旗下的学校入学；而当你赴外地旅行，你可能住宿在碧桂园旗下实行会员制管理的酒店；等等。十几年的快速发展，碧桂园看似从房地产业出发进入很多全新的领域，如作为新零售的凤凰优选和教育领域，但其多元化经营策略始终围绕一个核心展开，那就是向消费者提供一个舒适温暖的家园。

其次，在发展战略制定上，碧桂园提前布局机器人产业，积极推动房地产产业新一轮的转型升级。说起房地产开发，我们总是与轰鸣的施工机械和头戴安全帽的建筑工人联系在一起。然而，随着中国人口红利的逐步消失，社会老龄化趋势加速，劳动力短缺问题会更加严重，而建筑机器人的应用将在一定程度上缓解建筑行业的用工压力。同样重要的是，这一举措将有望从根本上解决困扰房地产开发的施工安全和建筑质量问题。为此，碧桂园计划在最近 5 年共计投入 800 亿元资金研发建筑机器人。

相信在不远的将来，在一座座正在拔地而起的高楼中，我们将很少看到以往在钢筋水泥中穿梭的忙碌工人，他们正在被一群没有性别，没有年龄，不知疲劳，夜以继日地无我工作的“新人类”代替。那就是新一代建筑机器人。

布局机器人产业事实上蕴藏着碧桂园重要的产业升级契机。也许同样有一天，你会发现，碧桂园不仅生产住房，还同时提供生产住房的标准化机器人，成为一家机器人机械设计和制造企业。尽管并非建筑机器人的最早发明者，但作为致力于成为世界首家系统性地研发建筑机器人，并将其规模化运用到建筑施工领域的企业，碧桂园的相关探索将为整个建筑行业带来一场革命性的变革。而作为这一领域较早的开拓者和进入者，碧桂园将有望成为相关行业标准制定的重要参与者，对相关标准制定拥有重要的话语权。

最后，在人才梯队建设上，重视研发投入的碧桂园更加注重自身创新人才的储备和通过事业合伙人制度向员工提供充分激励。在我们对碧桂园的调研过程中，曾多次目睹上百名研发人员在开放的工作间中同时进行研发，场面让人震撼。而碧桂园在较短的时间内集中了数量如此庞大的以年轻人为主的研发队伍集体攻坚重点项目，更是令人叹为观止。以项目跟投和股权激励为特色的事业合伙人制度经过多年的实践在碧桂园已趋成熟，员工给我们的印象和感受是普遍激励充分，工作热情饱满。我们看到，正是由于碧桂园在经营策略选择上围绕“提供一个温暖的家”这一中心走集约化发展道路；在发展战略制定上提前布局机器人产业，积极推动房地产产业新一轮的转型升级；在人才梯队建设上注重自身创新人才的储备和向员工提供充分激励，才会在房地产业普遍高喊“活下去”的艰难岁月中逆势上扬，成为房地产行业新的龙头。这一成绩的取得显然与碧桂园迄今为止做对了什么分不开。

作为研究企业，特别是研究公司治理的学者，我在与碧桂园高管的座谈会上，也谈了我对碧桂园今后发展的相关意见和建议，供他们未来决策时参考。

其一是如何利用资本市场开展积极主动并购，以减少研发投入的风险。我们知道，研发投入面临很大的不确定性，研发方向的失败有时不仅会使研发的大量前期投入沉没，而且还会波及实体的稳定经营。而利用资本市场进行积极并购，抢占赛道，不仅可以对相关产业提前布局，使已有的研发团队与碧桂园共同承担未来研发不确定性带来的风险，还会起到减少竞争对手的客观效果。当然是更多通过并购，还是更多通过自主研发，还是一部分并购，一部分自主研发，需要碧桂园根据发展阶段和外部市场环境的变化来灵活做出决定。但在如何更加积极地利用外部资本市场实现快速研发成功和分担研发风险上，我相信，包括碧桂园在内的很多中国企业在这一方面还有很大的发展空间。在一定意义上，今天的研发不仅仅与科学技术有关，是一个科学技术领域的问题，更与资本市场发展有关，是一个投融资和不确定性分担的决策问题。

其二是包括碧桂园在内的很多中国民营企业普遍面临的传承的问题。一个在公司传承问题上提前安排和布局的企业将会使市场和投资者形成稳定的预期，对于企业持续稳健发展，实现基业长青至关重要。在这一问题上，阿里的马云的很多尝试可圈可点。提起阿里，除了马云外，我们立刻能想到张勇、蔡崇信、彭蕾、井贤栋等人，他们有一个合伙人团队形成阿里稳定传承的人才储备库；马云更是在壮年时就开始考虑退休问题，在2019年的教师节后即辞去阿里董事会主席一职。在碧桂园调研期间，我们多次听到杨国强如何开明包容、虚心接受部下的批评和建议的故事，也多次听到杨惠妍如何在年纪轻轻的时候参与公司重大决策的故事。我们这里也衷心希望在这一问题上同样做出精心安排的碧桂园能顺利完成困扰很多企业的传承问题。

其三是碧桂园如何在履行企业社会责任与创造利润这一企业核心使命二者之间实现平衡。对碧桂园的调研，我们是从参观杨国强一手创办的招收全国贫困家庭子女入学的国华纪念中学开始的。据介绍，杨国强本人先后向该中学捐赠达4.6亿元。而整个碧桂园，截至2018年底，已累计投入扶贫公益资金超48亿元，助力近36万人脱贫。从碧桂园在扶贫等方面的机构设置、人员安排和资金投入上，我们可以强烈感受到碧桂园在企业社会责任履行和公益捐赠问题上不可谓不用心。但企业家的公益情怀与是否能够有效提供公益服务有时并不完全是一回事。弗里德曼曾经说过，“企业最大的社会责任是创造利润”。也许把从事相关扶贫等公益活动的人力和资金投入到碧桂园更加擅长的房地产相关产业，而把相关公益活动交给更为专业的慈善机构来完成，从社会分工的角度看，碧桂园未来也许向公益事业进行的捐赠会更多，带给社会的回报可能更大。毕竟，一家公司是因为它创造了一种伟大的产品而不是因为从事公益事业而成为一家伟大的公司的。

董事与董事会篇

10

永辉：董事长轮值为哪般？

继 2018 年华为实施轮值董事长制度之后，永辉超市也同样推出轮值董事长制度。轮值董事长制度开始引起公司治理理论界与实务界的关注。那么，采用轮值董事长制度究竟具有哪些独特的公司治理含义呢？

在企业进入成熟期后，一方面由于董事长在治理实践和企业文化中逐渐形成的权威地位和广泛的影响，另一方面由于其他董事的提名、面试和薪酬制定受董事长职权的影响，两方面因素的叠加使董事长的职权至少在董事会内部无法形成有效制约。而无法形成制约的董事长一言堂局面，往往是引发各种内部人控制问题的导火索。董事长轮值的推出则有助于缓解董事长职位固定容易引发的潜在内部人控制问题。

继 2018 年华为实施轮值董事长制度之后，永辉超市也同样推出轮值董事长制度。轮值董事长制度开始引起公司治理理论界与实务界的关注。那么，采用轮值董事长制度究竟具有哪些独特的公司治理含义呢？

对于这一问题的回答，我们首先需要从法理上还原董事长在公司治理中原本的功能角色。董事会是受股东委托、代股东履行经营管理股东资产的职责，以确保股东投资安全和按时收回的常设机构。董事会通常是按照多数决原则，以集体表决的方式来对股东通过公司章程或股东大会相关决议授权的相关事项做出决议，集体履行作为股东代理人的相关权利和义务。理论上，董事长和其他董事在法律上对股东的代理地位是平等的，都是一席一票。在一些国家的公司治理实践中，董事长仅仅是董事会的召集人，甚至没有普通董事所拥有的投票表决权。

其次，谁可以出任董事长？鉴于董事长在法理上的上述功能角色，理论上，具有董事资格的任何人都能成为董事长。最近的例子是，原董事长兼 CEO 马斯克在任性发布特斯拉私有化消息后受到美国证监会“三年内不得担任董事长”的处罚，他的继任者就是特斯拉前外部董事罗宾·德诺姆。

但在各国公司治理实践中，由于董事长通常出任法人代表，特别是出于管理实践和企业文化中对权威的尊重，普通董事在相关议案的提出和表决的影响力上与董事长不可相提并论。董事长在公司治理实践中处于十分重要的地位，发挥举足轻重的作用。例如，罗宾·德诺姆在接受特斯拉董事长的聘任后，辞掉澳洲电信公司 Telstra 的首席运营官一职，全职出任董事长。

而在我国国企公司治理实践中，董事长是由公司上级组织部门任命，并在干部管理中对应一定行政级别。因此，尽管名义上董事长只是董事会的召集人，但除了履行董事长法理上的功能角色，还往往对国企日常经营管理决策拥有最终的裁决权。应该说，国企上述实践在很大程度上影响了我国非国有企业公司的董事长行为。在中国，董事长看上去更像是在扮演成熟市场经济下公司 CEO 的角色，而使得公司真正的 CEO（总经理）在一定程度上退化为董事长的“行政助理”。

在一个企业发展早期，将更多经营管理决策权集中到董事长手中也许会有利于提高企业整体营运效率。然而，在企业进入成熟期后，一方面由于董事长在治理实践和企业文化中逐渐形成的权威地位和广泛的影响，另一方面由于其他董事的提名、面试和薪酬制定反过来受该董事长权力的影响，两方面因素的叠加使董事长的权力至少在董事会内部无法形成有效制约。而无法形成制约的董事长一言堂局面，往往是引发各种内部人控制问题的导火索。

我们看到，轮值董事长制度的推出至少在以下几个方面有助于缓解董事长职位固定容易引发的潜在内部人控制问题。其一，通过董事长的轮值使董事长的治理角色从浓郁的个人色彩还原到其原本的功能角色，有利于治理走向规范化和标准化。在任董事长将意识到其仅仅是董事会集体成员中的一员，只是在一段时期内受股东和其他董事委托履行董事会召集人的角色。董事长仅仅是标准工作流程中一个具体工作岗位，不应赋予其角色太多的在任董事长的个人色彩。

其二，轮值董事长制度有利于营造全体董事民主协商的氛围和治理文化，防范固定董事长职位通常导致的一言堂局面、内部人控制问题的出现。轮值董事长制度下的每位董事将清楚地意识到，今天你可能是董事长，但一段时期后，另一位与你看法或意见不同的董事就可能轮值为董事长，因而短期内轮值到的董事长应该平等地接纳和包容其他董事的不同意见。借助商议性民主，综合全体董事智慧下的董事会决议将超越特定董事长个人能力和眼界的局限，形成未来经营风险相对准确的预判，防患于未然。

其三，对于那些早年率领团队打拼、劳苦功高的成功企业家，轮值董事长制度也是在公司业已形成基本的治理运作制度和框架后，使他们从琐碎的行政性事务中解脱出来，集中精力思考事关企业发展更加长远和根本的公司重大战略问题的一种可供选择的制度安排。

与此相关的一个话题是，王卫不再担任顺丰速运法定代表人。之前阿里马云、京东刘强东、复兴郭广昌、滴滴程维等纷纷辞任所在公司的法定代表人职务。我们知道，法人代表只是在法律和公司章程允许、股东授权的范围内，代表公司履行工商注册、民事诉讼等相关法律程序。不再担任公司的法人代表并不意味着王卫和马云作为顺丰和阿里的主要股东和实际控制者，相关股东权益有任何改变，对公司的影响力减弱。因而，在成功企业家摆脱行政性事务方面，我们注意到，引入轮值董事长制度，与不再担任法定代表人有异曲同工之妙。

既然轮值董事长制度有如此多的好处，那么，是否所有的企业都适合呢？如果仔细观察推出轮值董事长制度的华为和永辉超市，你会发现这两家公司在公司治理制度上具有以下典型特征。其一，股权结构相对稳定，在较长的时期内并不存在突然的控制权丧失风险。永辉超市是民营相对控股，近年来通过合伙人制度，进一步将一线员工的利益、主要股东和管理团队的利益紧紧地捆绑在一起；而华为的员工持股计划一直是业界的典范。由于有员工和股东结成的利益同盟，公司治理架构相对稳定，并不存在外部野蛮人闯入和外部接管的威胁，非上市的华为尤其如此。其二，经过长期的打拼和磨合，上述两家公司的董事会已形成相对成熟的经营管理决策机制和讨论流程，以及在成熟的企业文化下形成的共同价值追求。在一定程度上，成功企业家在与不在董事长职位对企业董事会经营管理决策流程影响不大。其三，相关企业家也确实到了功成身退、淡出企业的人生年龄，通过轮值董事长制度既可以使自己能够从烦琐的行政性事务中解脱出来，又锻炼了队伍、培养了接班人，何乐而不为。

上述讨论意味着，并不是所有的公司都像华为和永辉超市一样适合推出轮值董事长制度。当然轮值董事长制度是否像本文所预期的那样发挥积极正面的公司治理作用，仍然有待我们进一步的观察。

11

特斯拉：从技术创新到制度创新

正是由于特斯拉做出的上述一系列公司治理制度安排，才使外部投资者与马斯克的利益变得尽可能地协调一致。尽管马斯克持股比例不高，但并没有给野蛮人入侵带来太多的可乘之机，由此才使得他“非常高兴继续领导特斯拉成为一家上市公司”。

特斯拉：如何防范野蛮人入侵？

进入2018年的特斯拉可谓丑闻不断。除了马斯克突发奇想的私有化计划流产外，还有涉嫌不实信息公告的马斯克本人和特斯拉收到美国证监会的处罚。不少媒体分析，马斯克之所以考虑特斯拉的退市，与担心一股一票下并不高的持股比例（马斯克本人只持有23%的特斯拉股票）无法抵御野蛮人入侵，重蹈苹果乔布斯早年被投资方“炒鱿鱼”的覆辙有关。事实上，在特斯拉2018年度的股东大会上，部分股东一度提议马斯克辞去已任职14年的董事会主席一职，只担任CEO，董事会主席的职位由独立董事出任。但这一提案后来遭到否决。随着马斯克在特斯拉官网发文，“保持上市对特斯拉来说是一条更好的道路”和美国证监会的处罚结果公布，特斯拉私有化的乌龙告一段落。

我们知道，对于防范野蛮人入侵，一种简单有效的公司治理制度安排就是发行具有不平等投票权的AB双重股权结构股票。这是双重股权结构股票在发展上百年后重新获得学术界与实务界认同背后的重要原因。谷歌、脸书、百度、京东等很多高科技和独角兽企业都采用这样的公司治理制度安排。我们的问题是，既然特斯拉并未发行双重股权结构股票，那么，在一股一票传统公司治理架构下，马斯克将如何做到“非常高兴继续领导特斯拉成为一家上市公司”呢？

当然，“大嘴巴”的马斯克是否适合做需要履行严格信息披露义务的公众公司董事长是一回事，特斯拉在美国成熟的资本市场环境下是否业已形成有利于防范野蛮人入侵的公司治理制度安排是另一回事。事实上，马斯克从最初试图私有化一劳永逸地解决野蛮人入侵威胁，到目前轻松做出保持上市的决定，与特斯拉本身具备一定的防范野蛮人入侵的公司治理制度保障分不开。而这对于资本市场进入分散股权时代的中国企业具有特别重要的借鉴意义。以2015年万科股权之争为标志，中国上市公司平均第一大股东持股比例低于体现相对控制权的33.3%，中国资本市场进入分散股权时代，野蛮人入侵和控制权纷争由此成为常态。那么，特斯拉哪些公司治理制度安排可以向正在思考如何防范野蛮人入侵的中国企业提供借鉴呢？

首先是任期交错的分类董事会制度。特斯拉把董事会全体成员分为三类，每一类董事的任期为三年，交错任期。例如，包括马斯克在内的一类董事将从2017年任职到2020年股东大会召开时；二类董事的任期从2018年开始到2021年换届完成结束；而三类董事则于2019年进行换届选举。任期交错的分类董事会意味着完成全部董事会的重组，实现全面接管至少需要三年的时间。这是接管商在发起接管前不得不考虑的制度和时间成本，分类董事会制度由此可以起到延迟或阻止公司控制权转移的作用。事实上，任期交错的分类董事会制度防范野蛮人入侵的重要性已经引起中国一些上市公司的重视。我们注意到，在2015年万科股权之争之后掀起的新一轮公司章程修改中，中国很多公司推出了任期交错的分类董事会制度。

除了延迟或阻止公司控制权转移，我们的研究还表明，任期交错的分类董事会制度将有助于董事会实现平稳运行，使独立董事更好地履行监督职能。每次仅仅更换部分董事无疑避免了目前做法全部是新人，需要花时间重新熟悉了解公司的相应成本；老董事的存在有助于相关公司政策的延续，从而使公司政策保持持续稳定。

向不合理的董事会议案出具否定意见被公司治理研究认为是独立董事履行监督职能的重要体现。中国资本市场规定独立董事的任期不超过两届。为了获得第二届连任的提名，我们观察到，独立董事较少在第一任期出具否定意见，以免换届选举时被具有影响力的大股东逆淘汰。而在即将结束全部任期的第二任期内，声誉和违规处罚的担心将战胜连任的动机，独立董事此时出具否定意见的可能性更大。这与所谓的“人之将死其言也善”的道理相同。试想如果在中国资本市场普遍推行任期交错的分类董事会制度，在每一阶段都存在处于不同任期阶段的独立董事，则独立董事在整体上将更加稳定和顺畅地履行监督职能。基于上述三个方面的理由，我们建议，中国上市公司应逐步推行任期交错的分类董事会制度。

值得一提的是，包括特斯拉在内的美国公众公司对独董的任期没有明确的限制。除非死亡、辞职或撤职，每位独立董事的任期可以不受年限限制持续到其继任者出现为止。例如，安东尼奥·格雷西亚斯（Antonio Gracias）和布拉德·巴斯（Brad Buss）从特斯拉成立时即出任独立董事，如今依然担任。

其次是首席独立董事制度。自 2010 年上市之初特斯拉即开始设立首席独立董事制度。目前的首席独立董事是安东尼奥·格雷西亚斯。鉴于从 2010 年上市以来，董事长马斯克一直兼任公司的 CEO，而自 2004 年起担任董事会主席已逾 14 年，同时现任董事金博尔·马斯克（Kimbal Musk）是马斯克的弟弟，因此一个公司治理制度设计成熟的公司特别需要独立的第三方来制衡管理层，履行监督管理层和协调股东与管理层利益的职能，以此减少因担任董事长兼 CEO 职位而可能产生的任何潜在冲突。

这一制度安排对于进入分散股权时代，未来控制权纷争常态化的中国资本市场具有特殊的含义。理论上，以信息更加对称、身份相对独立和利益趋于中性的独立董事可以在管理层与野蛮人的控制权纷争中扮演重要的居中调节角色。例如，当出现控制权纷争时，独立董事可以居中协调，并最终通过股东大会表决，向在位企业家推出金降落伞计划，使其主动放弃反并购抵抗；独立董事主导的董事会提名委员会在听取在位企业家和新入主股东意见的基础上，遴选和聘任新的经营管理团队，避免控制权转移给公司发展带来的危机和阵痛，使公司能够持续稳定发展。

最后是公司章程中相关反收购条款规定。在特斯拉的公司章程中，很多条款的设计和规定事实上是针对反收购的，是防范野蛮人入侵中国上市公司可资借鉴的基本公司治理制度安排。例如，公司章程规定股东提案和提名候选人的提前通知要求。这些规定可能延缓阻止潜在的收购方进行代理人招揽，以选择收购方自己的董事或以其他方式获得公司的控制权；特斯拉的公司章程关于修改和重述公司章程须经至少 2/3 以上有表决权的股东批准规定，则同样增加了接管的难度和成本。

需要指出的是，特斯拉公司章程中所规定的一些反收购条款看上去并非没有争议。例如，限制股东按照书面方式行事和召集特别会议的权利；特别股东会议只能由董事会主席、首席执行官或董事会召集，股东不得召开特别会议；股东同时没有累积投票权。由于缺乏累积投票权，持股比例有限的股东很难获得董事会席位，从而难以影响董事会对收购的相关决定。在我们看来，这些条款的规定看似有助于防范野蛮人的入侵，但也在一定程度上不利于中小股东权益的保护。一个合理的公司治理制度安排是在保障股东权益和鼓励创业团队围绕业务模式创新与人力资本投资之间进行平衡，而不是顾此失彼。

在考察特斯拉公司治理制度安排时，我们特别注意到两项值得中国上市公司借鉴的举措。其一，股东对高管薪酬的非约束性投票。由于高管薪酬制定的高度复杂性和专业性，其往往由具有专业知识背景的董事会或者董事会中更为专业的薪酬委员会制定。但在实践中，由于薪酬委员会成员的提名面试无法绕过 CEO，CEO 的权力等制度因素和相互奉承讨好，甚至任人唯亲的董事会文化因素，以及两种因素的结合使得高管薪酬的制定演变为高管和董事之间互相制定高薪酬，甚至由高管自己为自己变相制定高薪酬，不可避免地出现了公司治理实践中的超额薪酬现象。

特斯拉规定，股东能够对高管的薪酬进行“建设性”投票，这与我们曾经建议的中国上市公司围绕经理人超额薪酬问题开展自查的建议不谋而合。所谓建设性投票，指的是公司的股东有机会就高管的整体薪酬发表意见，但此投票并非为了解决任何特定的薪酬项目或针对特定高管，而是为了规范高管的总体薪酬以及相关薪酬制定的理念、政策和做法。换句话说，股东围绕高管薪酬的投票是建议性的，对公司董事会及其薪酬委员没有约束力。上述做法一方面可以避免由于高管薪酬制定的复杂性和专业性而出现的外行对内行简单粗暴干涉的现象发生；另一方面通过股东的投票，无疑将向董事会传递有关高管薪酬理念、政策和实践的投资者情绪的信息，供薪酬委员会在制定当前财务年度剩余时间的高管薪酬政策时参考，从而有助于经理人超额薪酬问题的缓解和抑制。

与特斯拉采用上述解决方式相对照，中国资本市场则采取“一刀切”的限薪方式来解决。一段时期以来，中国同样存在高管超额薪酬问题。面对实施后国有上市公司人才流失和高管“惰政、庸政、懒政”现象，相关公司不得不相继重启市场导向的经理人薪酬改革。

其二，特斯拉于 2015 年启动了一项扩大投资者参与度的计划，以确保特斯拉董事会和管理层了解公司股东最为关注的问题。通过该计划，特斯拉收到了一些有关股东权益保护事宜的有针对性的意见。特斯拉力求通过不断完善相关政策、程序和实践来优化公司治理。例如，为了使管理层与股东的利益保持一致，特斯拉规定每位董事应持续持有价值不少于其年度基本薪酬 5 倍的特斯拉股票，而 CEO 马斯克本人应持续持有价值不少于其基本薪酬 6 倍的特斯拉股票。特斯拉还就期权奖励的最低授予期和最短持有期进行规定，甚至针对管理层年度奖励支付和长期奖励支付制定了必要的收回政策和条件。特斯拉董事会有权从管理层那里收回该高管在特定期间未达到承诺的财务业绩而公司多支付的那部分奖金。

我们看到，正是由于特斯拉做出的上述一系列公司治理制度安排，才使外部投资者与马斯克的利益变得尽可能地协调一致。尽管马斯克持股比例不高，但并没有给野蛮人入侵带来太多的可乘之机，由此才使得他“非常高兴继续领导特斯拉成为一家上市公司”。当然，这里再次重复，“大嘴巴”的马斯克是否适合做需要履行严格信息披露义务的公众公司董事长是一回事，特斯拉在美国成熟的资本市场环境下是否已形成有利于防范野蛮人入侵的公司治理制度安排是另一回事。

特斯拉私有化背后：上市公司创始人怎样保障公司控制权？

特斯拉一方面面对的是一股一票制短期雇佣合约下，短视资本的逐利倾向等引发的现实公司治理制度成本居高不下；另一方面则是成功地用硅谷理念给传统汽车企业讲述了一个传奇故事，使得投资者根本无法把握未来业务模式的发展方向。选择退市在一定程度上是特斯拉业务模式创新日新月异与传统一股一票公司治理制度安排的内在冲突导致的。

退市甚至压根不上市，原本是企业在借助资本市场实现外部融资收益与成为公众公司的公司治理制度成本权衡的结果，是资本市场再正常不过的行为，但为什么正在积极酝酿退市的特斯拉引起了公众和媒体的关注？除了作为明星企业的特斯拉和作为明星企业家的联合创始人马斯克外，事实上特斯拉的退市重新提出了一个高科技企业如何进行公司治理制度安排的问题。

特斯拉是美国一家产销电动车、太阳能板及储能设备的高科技公司，总部位于加利福尼亚州硅谷帕洛阿尔托。于 2010 年 6 月 29 日在纳斯达克上市的特斯拉毫无疑问曾经甚至现在依然是资本市场的受益者。在《纽约时报》曝光亿万富翁马斯克破产传闻的同时，IPO 成功的特斯拉获得资本市场投资者“雪中送炭”般 2 亿美元的真金白银。2011—2017 年，特斯拉一共进行过数十轮的股权和可转债融资，总金额接近 90 亿美元。而与 90 亿美元的融资额所对应的，是特斯拉上市以来累积亏损额超过 65 亿美元。

虽然过去是资本市场的受益者，但至少在形式上，以下方面构成了特斯拉考虑退市的现实理由。其一，资本总是短视的，资本家期望特斯拉能够在最短时间内改变经营模式从而达到盈利目的。马斯克在给员工的公开信里曾提到，“为了达到短期目标和市场预期给特斯拉带来了巨大的压力，迫使公司做出一些从长远来看未必正确的决策”。2014 年丰田和奔驰先后抛售持有的特斯拉股票，这与特斯拉公然宣布要免费公开所有专利技术有关。这显然违反了这两家跨国汽车巨头通过投资分享专利技术的最初投资动机。2017 年在特斯拉亏损低于华尔街预期，营业收入高于预期的情况下再次上演相同的一幕。两大主力投资机构富达投资集团和 T. Rowe Price 大规模减持手中近一半的特斯拉股票。特斯拉规模持续扩大，但是长期亏损，这让包括富达投资集团和 T. Rowe Price 在内的机构投资者认为，特斯拉的估值可能过高。作为对照，传统汽车制造商福特，虽然估值低于特斯拉，但营业收入是特斯拉的 22 倍。更何况，福特是能够盈利的。

其二，令人挠头的投资者关系管理。虽然特斯拉成功地用硅谷理念给传统汽车企业讲述了一个传奇故事，但在务实的投资者关系管理中，按照相关媒体的描述，“从打断提问到拒绝回答问题，再到自说自话的与 YouTube 上的散户互动半小时，马斯克的表现让参会的分析师如此啼笑皆非”。马斯克不止一次提到，“股价的大幅波动让我们没法专心工作”，甚至说，“总有刁民想害朕，总有空头要搞垮特斯拉”。

其三，未来如何兑现为马斯克量身定做的薪酬激励合约？2018 年初，特斯拉股东大会通过了一份被媒体称为“史诗级”的期权奖励方案。按照这一方案，如果马斯克在 10 年内带领特斯拉走向 6 000 亿美元的市值，将可以获得最高 2 000 万股的特斯拉股票期权。自 2010 年特斯拉以 17 美元/

股的价格开盘以来，到如今突破370美元/股的价格，累计涨幅已经超过了20倍。理论上，届时这部分期权的价值将超过700亿美元。与此同时，马斯克将不再从公司获得任何形式的工资、奖金以及其他收入。然而，这份史诗级的期权奖励方案面临的问题是，尽管特斯拉曾经创造了8年20倍的绩优股纪录，但其毕竟至今还没有扭亏为赢，未来资本市场仍充满诸多的不确定性。

其四，现在特斯拉之所以急着要私有化，很可能与马斯克已经闻到了野蛮人入侵危险的气味——一些股东和投资方正在寻求机会把他踢出特斯拉，使当年苹果乔布斯的悲剧重演。马斯克本人仅持特斯拉23%的股份，因而，找到靠得住的新投资方，发起私有化要约可以看作是马斯克先发制人的举措。

综上所述，我们看到，特斯拉一方面面对的是一股一票制短期雇佣合约下，短视资本的逐利倾向等引发的现实公司治理制度成本居高不下；另一方面则是成功地用硅谷理念给传统汽车企业讲述了一个传奇故事，使得投资者根本无法把握未来业务模式的发展方向。选择退市在一定程度上是特斯拉业务模式创新日新月异与传统一股一票公司治理制度安排的内在冲突导致的。容易理解，颠覆汽车业传统商业模式的特斯拉本质上并不是传统的汽车制造商，而是一个高科技企业，但十分遗憾的是在上市时选择了传统汽车企业流行的一股一票模式。联合创始人马斯克本人仅持股23%，FMR金融服务集团和哥伦比亚投资管理投资顾问等机构持有39%的股份，其余分散在小的投资者手中。

最近十多年来包括美国的谷歌、脸书，中国的腾讯、百度和阿里等越来越多的高科技企业选择发行具有不平等投票权的双重股权结构股票来实现创业团队对公司实际控制的目的。双重股权结构股票在经历了近百年的“不平等”指责后重新获得理论界与实务界认同。我们以通过推出合伙人制度变相地形成不平等投票权的阿里为例，合伙人制度通过对未来剩余分配具有实质影响的特殊的控制权安排，把马云创业团队与大股东之间的雇佣与被雇佣关系转变为风险共担的合伙人关系；长期合伙合约实现了对短期雇佣合约的替代，这一方面使得外部投资者可以放心地把自己无法把握的业务模式、相关决策权交给具有信息优势同时值得信赖的马云合伙人创业团队，另一方面则鼓励了创业团队在充满不确定性的业务发展模式中积极进行人力资本投资；与此同时，长期合伙合约下的马云合伙人团队成为阿里事实上的“不变的董事长”和“董事会中的董事会”，实现了管理团队事前组建和公司治理机制前置。前者通过优秀人才的储备和管理团队磨合成本的减少，后者通过员工持股计划的推出和共同认同的企业文化的培育，共同使阿里的管理效率得到极大提升，进而使公司治理制度成本进一步下降。在一定意义上，阿里主要股东软银和雅虎之所以愿意放弃对同股同权原则和传统股东主导的控制权安排模式的坚持，事实上是向具有业务模式发展引领者的良好声誉和拥有以与员工、供货商、银行和政府建立长期稳定关系为特征的巨大社会资本，同时通过管理团队事前组建和公司治理机制前置极大提升管理效率的阿里合伙人创业团队支付溢价。

与阿里合伙人制度类似，腾讯等看起来同时发行 AB 股形成的不平等的投票权一方面使持有 B 类股票的创业团队专注于业务模式创新，另一方面使持有 A 类股票的分散股东避免参与自己并不擅长的业务模式，仅仅着力于风险分担，最终在两类股东之间实现了投资收益的平等。从实质看，它是对股东作为公司治理权威享有的所有者权益的事实尊重，只不过以看起来不平等的方式（同股不同权）实现了股东收益最大化所带来的更加平等。

我们看到，此次特斯拉酝酿退市再次向高科技企业公司治理制度安排提出了新的警示。不同于传统产业一股一票股权结构下的公司治理制度安排，日新月异的业务模式创新迫切需要高科技企业寻找一种新的控制权安排模式来保障创业团队的人力资本投资激励，以降低公司治理相关制度成本。而同时发行 AB 股的不平等投票权架构成为高科技企业解决上述内在冲突的可行的控制权安排选择模式之一。在上述意义上，未来不排除退市后的特斯拉以发行投票权不平等的 AB 股重新上市的可能性。

新金融企业治理篇

12

“昙花一现”的互联网金融

根据银保监会的相关统计，截至 2020 年 8 月底，全国在运营网贷机构为 15 家，比 2019 年初下降 99%，借贷余额下降 84%，出借人下降 88%，借款人下降 73%。网贷机构无论是数量、参与人数，还是借贷规模已连续下降 26 个月。已有重庆等 20 余省市相继宣布全部取缔辖区内网贷业务。随着监管机构对网贷平台的专项整治工作于 2020 年底结束转入常规监管，P2P 平台全部退出历史舞台。

让我们在这一个重要的历史节点简单回顾互联网金融在我国发展的短暂历史。2007 年中国第一家 P2P 平台拍拍贷的成立标志着互联网金融在中国的兴起。根据“网贷之家”的统计数据显示，10 年之后的 2017 年我国 P2P 网络借贷行业的成交量已达到 28 048.49 亿元。

应该说，互联网金融最初登陆中国是戴着三顶“炫目的花冠”。其一是互联网时代的金融创新。一些研究者指出，P2P 等互联网金融作为现代信息技术进步的产物，依托于移动支付、社交网络、云计算等工具，为传统的金融服务形式带来了巨大的改变，对人类金融模式产生了颠覆性的影响。其二是普惠金融。P2P 网络借贷平台由于门槛低、方便快捷的特点，被一些研究者认为，为中小企业提供了更多的资金支持，在一定程度上有助于解决长期困扰中国债务市场的中小企业和家庭的融资难和融资贵的问题。其三是家庭财富管理工具。互联网金融为投资者提供了多样化的投资方式，能够满足不同家庭的投资需求，提供多样化的金融服务，帮助千家万户更好地实现家庭财富管理。当初无数人对互联网金融未来在中国的发展寄予厚望。互联网金融出现后，面对巨大的人才需求缺口，一些高校纷纷设置互联网金融专业，组织教师编写互联网金融的相关教材。我所就职的中国人民大学财政金融学院就是最早的践行者之一。

应该说今天互联网金融发展面临的尴尬局面是很多人始料未及的。那么，是因为互联网金融“淮南为桔，淮北为枳”，在中国水土不服吗？本文尝试从以下三个视角揭示今天互联网金融发展面临尴尬局面背后的原因。

第一，在金融工具性质上介于传统的债务融资和权益融资之间的互联网金融缺乏成熟的救助手段，风险往往难以控制。我们知道，对于债务融资这一传统的信贷业务，资金提供方银行不仅要求借款方进行资产抵押，而且需要实力雄厚、声誉卓越的关联公司提供担保。在监管上，除了要求各商业银行向中央银行提供准备金防范未来可能的风险，还在市场中逐步形成各类对口的资产管理公司，帮助银行处理呆坏账。经过上述救助手段，债务融资面临的风险在很大程度上是可控的。而对于权益融资，尽管没有抵押和担保，而且上市公司经常威胁，“除非董事会做出承诺，否则发放股利不是公司的一项义务”，但由于股东集体享有所有者权益的法律保护以及董事会、股东大会等其他基本的公司治理制度，股东成为公司治理的权威，对重大事项以投票表决的方式进行最后裁决。股东可以通过更换不称职的经理人等公司治理机制确保按时收回投资，并取得合理的回报。如果把现实经济生活中各种实现融资的金融工具描述为赤橙黄绿青蓝紫的七彩世界，其中债务融资和权益融资是组成上述七彩颜色基色的白色和黑色。而互联网金融在金融工具性质上则介于传统的债务融资和权益融资这两种基色之间。它一方面不再具有传统债务融资十分苛刻的抵押担保和成熟的监管；另一方面并没有像权益融资一样形成合理的治理结构，通过必要的治理机制来维护其投资者权益。既没有传统债务融资抵押担保的隐性保证，又缺乏现代公司治理制度确保投资者权益的制度安排，介于二者之间的互联网金融的风险之高可以想象。很多人把互联网金融和非法集资诈骗联系在一起，甚至有“做得好是互联网金融，做得不好就是非法集资诈骗”的说法。互联网金融与非法集资诈骗边界的模糊恰恰是互联网金融自身金融工具属性所面临的极高风险决定的。

第二，互联网金融对债务人和 P2P 平台道德风险行为约束在很大程度上来源于基于互联网大数据形成的声誉机制，然而目前不成熟的网络环境和微不足道的社会惩罚成本使得互联网金融最重要的一道门槛形同虚设。互联网金融风险主要来自两个方面。其一，债务人的道德风险。理论上，互联网技术实现的大数据使得一个存在赖债不还行为的债务人不仅难以再获得原来平台的贷款，甚至从此很难获得其他任何平台的贷款。然而，由于信息披露的不全面，大量平台没有实现数据的接入和公开，声誉信息不够完整，平台不仅无法通过自身拒绝借新款等途径来惩罚这些违约的债务人，更无法通过使其他平台拒绝提供贷款对其进行“集体惩罚”。上述声誉机制的缺失和集体惩罚机制的无效加剧了失信债务人的道德风险倾向。其二，互联网金融风险直接来自 P2P 平台本身。债务人的道德风险倾向，再加上市场中存在多家评级信息差距较大、指标不健全、机制不透明的第三方网站，平台主动终止业务、退出市场甚至恶意欺诈的事情时有发生。按照相关媒体统计，截至 2018 年 10 月底，全国累计停业以及存在问题的平台数量已经多达 5 190 个，严重损害了投资者的利益，给行业的发展蒙上了阴影。

第三，监管部门一刀切的监管政策无意中损害了一些 P2P 平台原本在市场中逐步建立的声誉。我们知道，作为资金的归集者，P2P 平台的运营方向投资者归集资金，并将归集完成的资金最终支付给借款人；而在借款人还款的时候，归集借款人资金支付给贷款人。上述过程中，无论是投资者借钱还是借款人归还，资金都需要经过平台在银行开设的账户，在一定时间内这些资金形成了 P2P 平台的资金池。有研究表明，如果以存续时间长短表征平台的声誉，那么，那些声誉越好的平台，即使存在资金池（所谓的“无资金托管”），其净资金流入比率也更大，发生问题的风险更小。上述研究在一定程度上表明，基于互联网金融市场的声誉机制在一些 P2P 平台中开始部分发挥作用。

然而，针对愈演愈烈的问题平台和平台跑路事件，2016 年 10 月，我国监管当局发布了《互联网金融风险专项整治工作实施方案》。该方案不仅明确了 P2P 的信息中介性质，同时要求不得设立资金池，不得发放贷款，不得非法集资，不得自融自保、代替客户承诺保本保息、期限错配、期限拆分、虚假宣传、虚构标的。上述监管政策的出台将问题平台与已经建立声誉机制的优秀平台置于同一条监管起跑线上。考虑到巨大的监管成本和未来业务开展存在的大量不确定性，这些原本可以继续生存下去的互联网金融平台也不得不郑重考虑加入退出的行列。

也许我们在考虑采取积极措施保护互联网金融借贷双方的合法权益的同时，应该重新考虑互联网金融在中国未来发展的定位和空间。毕竟它迎合了全球科技革命带来的金融创新浪潮；毕竟它在普惠金融和解决中小企业和家庭的“融资难”“融资贵”问题上做过积极的探索和有益尝试。

13

新金融企业如何设计公司治理制度？

金融的历史兴起和现实困局事实上来自同一源头，那就是寻求资金支持的借款人与具有闲散资金可以出借的贷款人之间的信息不对称。由于信息不对称，借款人并不清楚可以从哪里获得所需资金，而贷款人也不清楚怎样才可以把闲散的资金有效利用起来。于是他们共同找到一家叫作“银行”的中介机构。银行把贷款人闲散的资金以低的储蓄率吸收进来（如3%的年利率），然后再以较高的贷款利率（如5%的年利率）把这笔资金贷给借款人。存贷款的利息差构成银行稳定的利润来源（2%）。银行借贷由此成为以中介方式解决信息不对称问题的市场化解决方案。

提供中介服务的性质决定了银行所获得的存贷利息差的本质是借贷双方为了获得相关融资信息而不得不缴纳的信息租金，是一种特殊性质的交易成本。如果此时借款人能够清楚地知道哪位贷款人具有闲散资金，二者直接签署借贷协议，借款人可以以低的贷款利率（如4%，低于通过银行的5%）获得这笔贷款，贷款人则可以获得更高的资金回报（如4%，高于银行支付的储蓄利率3%）。因此，在金融实践过程中始终存在一个努力方向，那就是通过去中介，所谓的金融脱媒，来降低交易成本。

金融脱媒的努力方向决定了新金融的历史使命是借助互联网技术的大数据结构和云计算能力来解决信息不对称问题。因而，一个新金融企业理想的业务模式是通过提供基于互联网技术保障实现对借贷双方信用能力的精准识别，搭建交易平台，让借贷双方直接完成借贷业务，实现直接融资和金融脱媒。如果说淘宝、京东、拼多多等电商通过提供商品交易平台，使消费者和商家跳过中间的批发零售环节直接完成商品交易，那么，新金融企业未来努力的方向应该是通过提供信贷交易平台，让借款人和贷款人直接完成借贷交易。套用一家著名的二手车广告语，那就是，通过新金融企业实现“借者直接借，贷者直接贷，没有中介商赚利贷差”。

上述讨论清楚地表明，与传统银行业务依赖甚至凭借借贷双方存在信息不对称不同，新金融企业的终极使命是消除信息不对称和使金融彻底脱媒。因此，在一定意义上，新金融的出现是对以银行为代表的传统金融的“一场革命”。

受到信息技术发展的局限，目前新金融企业更多停留在与传统商业银行合作贷款，或者称为联合贷款业务上。例如，2019 年底蚂蚁通过与 400 多家银行合作放贷完成了 2 万亿元的信贷规模。从表面上看，目前新金融企业开展的联合贷款似乎不是金融脱媒（跳过银行）了，而是“金融加媒”了。在信贷业务的链条中除了原来的中介机构银行，现在又多了一家新金融企业。这事实上也是目前新金融企业和传统银行开展的联合贷款信贷成本居高不下背后的原因之一。

那么，我们应该如何评价新金融企业目前开展的主要业务——联合贷款？我们看到，联合贷款事实上完成了一项围绕信贷业务的深度专业化分工，实现了融资效率的提高和二者之间的合作共赢。一方面，由特许开展存款业务的传统银行负责吸储提供信贷资金；另一方面，由新金融企业借助金融科技手段识别潜在的客户，帮助传统银行开展贷款业务，扩大了银行的业务范围，提高了银行的融资效率。这事实上是 400 多家银行愿意与蚂蚁合作放贷背后的原因。

更加重要的是，新金融企业与传统银行合作开展的联合贷款事实上解决了长期困扰农户、普通消费者和小微企业的融资获得性问题。正常的银行贷款流程往往需要抵押担保，为了实现风险控制和管理，需要旷日持久的马拉松式烦琐的贷款审批程序，申请过程中有时难免会遇到部分信贷人员花样翻新、层出不穷的寻租设租活动。由于上述因素的存在，传统金融提供的融资服务对于很多农户、普通消费者和小微企业而言往往是可望而不可即的。而按照《经济学人》的报道，“蚂蚁集团的信用风险模型包含了 3 000 多个变量，其自动化系统可在三分钟内决定是否发放贷款”。

普惠金融一词来自英文 finance inclusive，字面含义是金融包容性，强调让更多人有机会接触金融服务，从金融服务中受益。在上述概念引入中国的过程中，我们把字面意思为“包容性金融”翻译为“普惠金融”。依靠抵押担保和传统风控审批流程的传统银行喊了很多年却没有做到的普惠金融，新金融企业做到了，而且我们相信未来会做得越来越好。

如果对新金融业务模式开展经济学分析，它的核心是基于网络外部性实现了集体惩罚的可能性。信用经济是金融的本质。然而，信用建立依靠个体惩罚并不会走得太远。例如，张某向李某借钱后赖账不还，李某拒绝再借钱给张某的个体惩罚，并不能阻止张某继续向王某借钱，甚至继续赖账不还，特别是在王某如果仅仅关注张某是否有抵押和担保的情况下。张某仅仅是赖账不还李某的钱，但现在有抵押担保，王某又有什么必然的理由不借钱给张某呢？这使得依靠抵押贷款的传统银行实施集体惩罚的成本很高，信用很难在张某那里建立起来。

而新金融企业借助基于互联网的网络外部性，通过大数据的信用能力识别技术和黑名单制度，使新金融企业的集体惩罚能力增强，实施成本降低。例如，蚂蚁旗下的花呗、借呗成为用户使用最多的消费信贷产品，在 2019 年一年服务用户 5 亿，其中花呗平均余额仅 2 000 元。张某在区区 2 000 元的赖账“收益”和终身禁止使用支付宝和淘宝等进行交易的巨大潜在“成本”面前的理性选择不言而喻。从一些公开的数据看，蚂蚁截至 2019 年底的坏账率只有 1.23%。通过网络外部性实施集体惩罚显然是新金融企业不同于传统金融的一个十分重要的方面。

网络外部性有助于集体惩罚实施的事实向 2020 年热烈讨论的平台反垄

断监管实践提出一个有趣的悖论。集体惩罚的有效实施依赖网络外部性，而平台反垄断增加了商户的选择性，在一定程度上损害了网络外部性，进而损害了集体惩罚的可实施性。例如，一家销售假货的商户如果被淘宝禁止，其完全可以选择京东甚至拼多多继续销售假货，我们又如何实施对这家销售假货的商户的集体惩罚呢？有人说，我们应该强制规定京东和淘宝等电商之间实现数据共享。问题是，期待淘宝、京东、拼多多等实现数据共享，这和几十年来我们一直期待各大型国有银行实现数据共享，建立行之有效的统一征信系统又有什么本质的不同？

总结新金融企业的业务模式，概括而言，有以下两个特质。其一，对潜在客户信用能力的识别是基于大数据结构和云计算能力，而不是银行贷款业务开展通常需要的抵押担保；其二，依靠网络外部性对信用记录不良者实施集体惩罚。因此，新金融企业其实并非像一些媒体和学者所说的那样仅仅简单依靠监管套利和转嫁风险来牟利，而是有自己的独到之处。这是未来金融监管的政策界、实务界和学术界需要认真研究，深入思考的地方。

一家企业的业务模式特质决定了一家企业的公司治理制度设计。按照巴塞尔协议资本充足率要求，银行资本金准备和存贷经营风险承担的要求决定了银行属于资本密集型，资本规模庞大，需要广为吸收社会资本来分担风险，从而形成相对分散的股权结构，但银行的主要股东依然需要是国有资本，以使政府扮演隐性担保的功能。在股权结构设计中，以银行为代表的传统金融企业则往往奉行的是同股同权原则。

图 2、图 3 和图 4 分别报告了银行业（上市银行）和包含银行在内的金融业全体的第一大股东平均持股比例、平均董事会规模和董事会中独立董事所占的平均比例情况。

图 2 报告了我国银行业和金融业第一大股东平均持股比例。我们注意到金融业第一大股东的平均持股规模在 30%左右。银行业在 2015 年之前略高于金融业平均持股规模，之后出现了明显的下降，甚至低于按照证监

会颁布的《上市公司收购管理办法》界定的无实际控制人所划定的30%。当然毫无疑问，每一家银行的背后都有国资的身影。这是银行所处的战略性行业特征决定的。

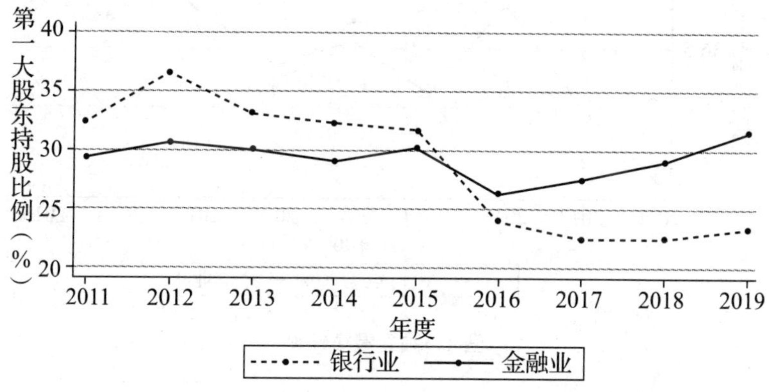

图 2　第一大股东持股比例

图3报告了我国银行业和金融业董事会的平均规模。我们看到银行业的平均规模为14人，高于金融业的12人。

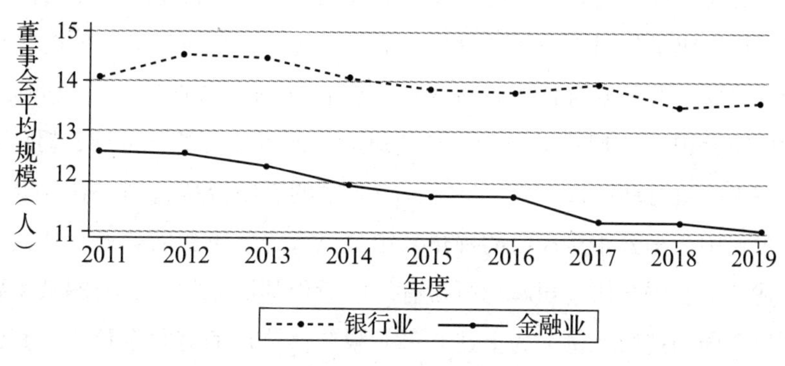

图 3　董事会平均规模

图4报告了我国银行业和金融业独立董事占董事会平均比例。从董事会的独立性来看，银行业和金融业平均在37%左右。近年来出现增加董事会独立性的趋势，而这一趋势在上市银行中表现尤为突出。

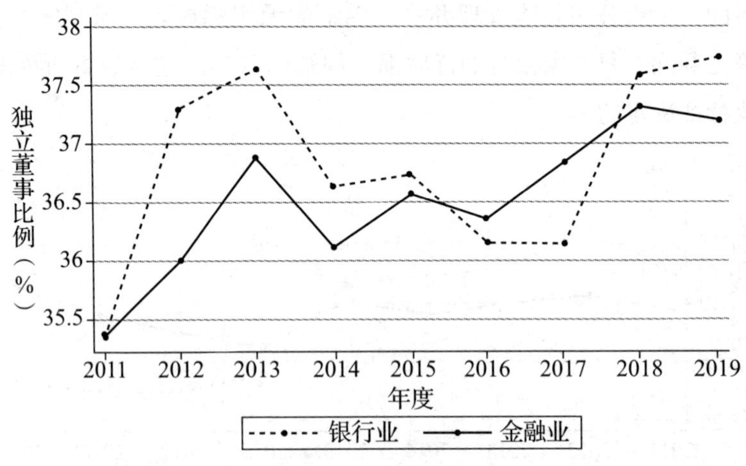

图 4　独立董事比例

不同于以银行为代表的传统金融，上述的业务特质分析表明，新金融企业更多是平台性质企业和科技企业，不涉及自身太多的资金投入，但研发投入和技术创新对于平台十分重要，因此属于人力资本密集型。我们以蚂蚁的公司治理制度设计为例。按照招股说明书，蚂蚁基于三层有限合伙投资架构完成了公司治理制度设计。第一层是马云相对控股，同时隔离有限合伙协议中的普通合伙人债务无限连带责任的有限责任公司杭州云铂。持有杭州云铂 34%股份的马云，与分别持有 22%股份的井贤栋、胡晓明和蒋芳签署一致行动协议。第二层是两级 5 家的有限合伙公司。在 5 家有限合伙公司中，马云相对控股的杭州云铂是执行合伙事务的普通合伙人，代表上述 5 家有限合伙公司履行所持有蚂蚁股份的股东权利。而蚂蚁主要高管则以不同的持股比例成为上述 5 家有限合伙公司的有限合伙人。其中上一级的君洁和君济同时是下一级的杭州君瀚和杭州君澳的有限合伙人。第三层是持股 29.86%的杭州君瀚和 20.66%的杭州君澳通过合计持有蚂蚁 50.52%的股份成为蚂蚁的控股股东。这样，在第一层杭州云铂相对控股的马云，通过使杭州云铂成为第二层众多有限合伙公司执行合伙事务的普通合伙人，穿透控制第三层的蚂蚁的 2 家控股股东，而最终成为蚂蚁的实控人。

应该说蚂蚁的公司治理制度设计很好地体现了新金融企业的业务模式特质。在蚂蚁的股权结构设计中，执行合伙事务的普通合伙人的实控人透过有限合伙架构履行对所持有的蚂蚁股票的表决权，实现控制权配置权重适度向管理团队倾斜。这使得只发行一类股票的蚂蚁在投票表决问题上十分类似于投票权配置权重向创业团队倾斜的阿里合伙人制度和京东的双重股权结构，变相形成同股不同权。

与此同时，以有限合伙的方式对投资风险进行隔离，以其认缴的出资额为限对合伙企业债务承担责任的有限合伙人，成为蚂蚁推出的经济激励计划的受益者。通过上述负责投资管理的普通合伙人与负责风险分担的有限合伙人之间的专业化分工，为合作双方共同带来投资效率提升。新金融企业的业务特质所要求的鼓励人力资本投入的员工股权激励问题与投票权配置权重倾斜问题在蚂蚁的有限合伙架构中得到很好的平衡。我们预言，蚂蚁所采取的有限合伙架构将成为包括新金融企业在内的新经济企业公司治理制度设计的流行模式之一。

我们把以银行为代表的传统金融企业与以蚂蚁为例的新金融企业的公司治理特征比较总结如表 6 所示。

表 6　传统金融企业与新金融企业的公司治理特征比较

金融企业类型	是否同股同权	股权分散	董事会规模	董事会独立性
传统银行	同股同权	股权相对分散，(分散风险) 低于无实控人的 30%	大 (平均 14 人，大于金融业的 11 人)	大 (约 37%)
新金融企业 (以蚂蚁为例)	投票权配置权重向管理团队倾斜 (变相同股不同权)	股权相对集中，杭州君瀚、杭州君澳合计持股超过 50%，马云为实控人	小 (9 人)	小 (33%)

从表 6 中我们看到，(1) 在同股同权问题上，与传统金融企业奉行同股同权原则不同，新金融企业通过采用有限合伙架构，实现投票权配置权重向管理团队倾斜，变相形成同股不同权架构；(2) 在股权分散的问题上，传统金融企业资本规模庞大，需要分散风险，因而股权相对分散，第一大股东平均持股比例甚至低于界定为无实控人的 30%，而新金融企业则股权相对集中，管理团队以有限合伙人等方式成为经济激励计划的受益人；(3) 在董事会规模上，传统金融企业资本规模庞大，股权相对分散，风控等环节业务复杂，因此需要较大规模的董事会来吸收接纳各方面的专家，共同履行董事会的监督和战略咨询功能，而新金融企业的业务创新导向和人力资本密集型的业务特质决定了需要小而精的董事会高效决策；(4) 董事会规模的上述差异也同时体现在董事会的独立性上，传统金融企业需要 14 位董事组成董事会，其中约 37%为独立董事，而以蚂蚁为代表的新金融企业只需要 9 位董事，其中 3 位为独立董事，占比为 33%，刚刚达到目前监管要求 A 股上市独立董事比例的下限。

其他篇

14

中民投：爆雷暴露的公司治理问题

作为由全国工商联发起，董文标、卢志强和史玉柱等一干商界大佬深度参与的中国首家“中字头”民营投资公司——中民投的爆雷引起了不少媒体和公众的关注。在募集资金方式上，中民投采用了当下依然十分时尚的众筹理念，形成由59家行业领先企业联合设立的所谓的超级众筹。难道在国外风生水起的众筹真的在中国水土不服吗？

为了解决债务兑付危机，中国民生投资股份有限公司（以下简称中民投）于2019年2月13日不得不折价出售公司旗下最有价值的资产之一——上海董家渡两个地块，中民投遭遇爆雷。

一段时期以来，规模或大或小，或民营或国有，或激进扩张或负债过高，一干企业在去杠杆风暴下资金链条断裂，爆雷频繁，公众和媒体对此已有一定的视觉疲劳。然而，作为由全国工商联发起，董文标、卢志强和史玉柱等一干商界大佬深度参与的中国首家“中字头”民营投资公司——中民投的爆雷还是引起了不少媒体和公众的关注。

人们的很多疑问来自，为什么号称盈利动机最强的民营投资，也会犯通常“花别人的钱，办别人的事”的国有企业才会犯的扩张太猛的毛病？不仅如此，在募集资金方式上，中民投采用了当下依然十分时尚的众筹理念，形成由59家行业领先企业联合设立的所谓的超级众筹。按照董文标在中民投成立之初的设想，“中国 100 家大型民营公司，每家民营企业出 1 个亿，就是 100 个亿”。联想到 2018 年 10 月 29 日清华大学总裁班 34 名学员通过微信群众筹开了一家餐厅，后因经营不善申请破产这一事件，人们不禁会问，难道在国外风生水起的众筹真的在中国水土不服吗？

中民投在公司治理制度安排的以下两方面可谓做到了极致。其一，与国有企业委托代理链条太长、所有者缺位相比，民营资本的盈利动机强烈和明确；其二，通过众筹方式实现对未来经营风险（不确定性）的高度分担。

但其潜在的公司治理问题也恰恰来自上述两个方面。一群盈利动机明确的企业家为了共同的目标聚在一起，无疑是中民投在业务模式上选择快速甚至激进扩张的强大和持续的压力。而采用众筹理念引入持股比例接近的众多分散股东，则会导致股东之间在监督管理团队上存在相互搭便车无法形成有效监督的倾向，形成管理团队主导（内部人控制）的营运格局。上述两个方面治理缺陷的结合将不可避免地导致中民投在经营风格选择的激进道路上一路狂奔。

其实，投资型公司的治理架构，一方面是考虑分担风险的问题（如前所述，这方面中民投可谓做到了极致），另一方面则是考虑如何使做出投资决策的管理团队（实际决策人）能够像股东一样思考。而使管理团队像股东一样思考则与其持股比例有关。容易理解，管理团队持股比例与企业价值之间并非简单的线性关系。按照经济学家 Morck 等的观察，当持股比例较低时，管理团队投资决策失误所应承担的成本较小，将成本转嫁给其他股东的外部性较大，因而管理团队铤而走险的可能性也相应较大。但当管理团队持股比例达到一定比例后，原来的外部性就内在化了，这时其会开始像股东一样思考资金回报的稳健和持续。而经济学家安德烈·施莱弗等的研究则表明，大股东的存在可以解决分散股东在监督管理团队这一公共品提供过程中的搭便车问题，原因是大股东从监督中获得的收益将覆盖其成本。

中民投的案例在一定程度上表明，众筹引入的股东在制衡管理团队问题上相互搭便车，意识到相关问题的部分股东的个人自觉行为（如史玉柱和卢志强因投资理念不同中途退出）无法获得其他股东的响应，也无法转化为股东大会的一致意见。

除了解决分散股东在监督管理团队问题上的搭便车倾向，大股东及其背后的母公司有时还扮演了最后担保人的角色，在必要时向陷入短期资金周转困难的子公司进行资金支持，助其渡过难关。

例如，在1998年亚洲金融危机期间，韩国三星动力就是依靠母公司的救助而转危为安的。这一点事实上对于立志走“产业集团＋金融集团”结合之路，但缺乏类似于民生银行信贷业务带来的稳定现金流，未来投资收益波动不确定较大的中民投尤为重要。在上述意义上，众筹可能更加适合“一起喝咖啡”等业务成熟、现金流稳定的行业，而并不适合收益波动不确定性极大的投资企业本身。

对于中民投爆雷事件，稍稍让人感到安慰的是，众筹理念下的风险分担使这一事件对每一家参与的股东公司的经营不会产生实质性的影响。当然，由于是民营资本，更不会像一些爆雷的国企一样使无数纳税人的资金在实际控制企业的内部人的一时冲动之下打水漂。

15

格力电器：国企改制之路

作为公众公司的格力电器事实上已经更加彻底全面地完成了以不同所有制混合为特征“混改”。同样重要的是，国资背景的控股集团公司减持所控股的上市公司股份，格力集团显然不是第一家，也不是最后一家。因此，我们并不能把格力电器作为上市公司十分正常的股权结构调整和控制权变更与国企目前积极推进的混合所有制改革联系在一起。把格力集团减持解读为“国企改革风向标”和“迈出的关键一大步”纯属无稽之谈。

格力：走完国企改制最后一公里

2019年4月8日，格力电器发布公告称，公司控股股东格力集团将协议转让其持有的格力电器总股本15%的股份。作为中国电器行业龙头，格力电器的控股股东格力集团突然减持毫无疑问会引发业界的各种猜测和解读。

一些研究者认为，格力电器股权变动，意味着珠海国资委战略性减持格力电器，涉及上市公司向着混合所有制属性变动，而这一举措对广东省乃至全国进一步实施国企改革具有风向标式的意义；还有一些市场人士认为，格力混改是国企改革迈出的关键一大步，国企股权（国有资产）有望进入市场化定价的新阶段，本轮国企改革有望比肩2007年大牛市的主推手之一股权分置改革，将激发新一轮的制度红利。那么，格力集团减持格力电器股份究竟意味着什么呢？

首先，已经是公众公司的格力电器事实上已经更加彻底全面地完成了以不同所有制混合为特征的所谓混改，因此，我们并不能把这次格力电器作为上市公司十分正常的股权结构调整和控制权变更与国企目前积极推进的混合所有制改革联系在一起。

我们知道，除了引入民资背景的战略投资者，上市其实是实现国企混改更加彻底的方式之一。事实上，现阶段的国企混改在一定程度上可以理解为过去几十年国企改革坚持的资本社会化传统逻辑的延续。国有企业先后经历了职工股份合作制和企业集团部分控股公司上市等改制形式。

其次，国资背景的控股集团公司减持所控股的上市公司股份，格力集团显然不是第一家，也不是最后一家。从 2007 年股权分置改革完成，中国资本市场进入全流通时代开始，国有控股集团减持所控股上市公司的股份逐渐成为一种潮流。例如，华润对万科的大幅减持，北方工业对南玻 A 大幅减持直至全身而退。伴随着国有控股股东的持续减持，同时叠加国企混改和险资举牌等因素，以 2015 年万科股权之争为标志，中国上市公司平均持股比例低于代表相对控制权的 1/3，资本市场开始进入所谓的分散股权时代。因此，综合上面两个方面，我们看到，把格力集团减持解读为“国企改革风向标”和“迈出的关键一大步”纯属无稽之谈。

再次，在格力集团减持事件中，引人瞩目的是控制权变更后控股股东性质的可能转变。格力集团在减持 15%后，对格力电器的持股比例下降为 3.22%。未来无论是私募股权投资机构——中国厚朴投资公司还是其他，甚至是目前持股排名第二的董明珠的一致行动人——河北京海担保成为第一大股东，格力电器第一大股东的性质都可能会从国有变为非国有。

这里需要说明的是，对于股东集体享有所有者权益的公众公司，这种第一大股东性质的转变同样不具有实质性意义。2018 年初，部分民资上市公司在去杠杆风潮下资金链条断裂，控股权被一些国资企业收购。这一事件被一些媒体过度解读为“新一轮国进民退”。其实通过资本市场控制权转移，第一大股东性质从国有转为非国有的“国退民进”同样不在少数。

最后，格力集团减持，甚至控制权变更对于董明珠管理团队意味着什么？

虽然格力集团一次性减持15%不是一个小数目，但也不是一个大数目。除非董明珠团队业绩不尽如人意，存在明显的战略决策失误，否则无论谁成为新的第一大股东都不会与能给自己带来真金白银的优秀管理团队过不去。即使新的第一大股东有心，其他股东也未必有意。现代股份公司通过股东集体行使所有者权益，事实上成为促使所有权与经营权分离的自然屏障。这是现代股份公司作为成就经理人职业化与资本社会化的专业化分工的组织形式的内在价值所在。

尽管如此，我们依然可以从格力电器控股权受让中预期到包括格力电器在内的原国有控股上市公司治理结构的变化趋势。第一，对国有上市公司董事会制度建设从之前国有控股股东的大包大揽到分散股权架构下各方力量的协商和制衡。第二，国有控股集团公司历史使命的终结和新使命的角色冲突。

2019年4月8日，格力电器发布公告称，公司控股股东格力集团将协议转让其持有的格力电器总股本15%的股份。随着格力电器10月28日晚公告珠海明骏最终成为格力电器15%股份的受让方，一段时期以来引人瞩目的格力电器控股权受让大剧徐徐落下帷幕。

我们注意到，对于高瓴资本入主格力电器，各路媒体有很多不同的解读。一些媒体从一开始便把这次格力集团控股权的受让与国企混改联系在一起。在部分媒体的报道中，甚至出现了“格力电器的此次混改也标志着我国国企混改步入3.0阶段”的说法。按照这些媒体的描述，始于2013年的国企混合所有制改革，已经经历了混改仅在央企子公司层面操作，国有独资企业引入非公、民企、外资，但国资占比仍在50%以上，仍保有绝对控股地位的1.0阶段和混改对象提升到上市公司层面，国有股权降到50%

以下，国有股东董事会席位也降至半数之下，但仍是第一大股东和实际控制人的 2.0 阶段。而此次在国有大股东格力集团所持 18.22%的股权转让 15%后，格力电器的大股东和实际控制人发生改变被认为是国企混改 3.0 阶段的到来。

事实上，与那些正在通过引入民资背景的战略投资者进行混改的子公司或集团公司层面的国企相比，于 1996 年在深交所上市成为公众公司的格力电器已经更加彻底全面地完成了以不同所有制混合为特征的所谓混改；另外，国资背景的控股集团公司通过在二级市场减持部分或全部受让控股的上市公司股份，格力集团同样不是第一家，也不是最后一家。例如，作为南玻 A 的国有控股股东的北方工业对南玻 A 大幅减持，直至全身而退。中国资本市场近 30 年的发展既见证了很多上市公司控股权由民资转为国资（所谓的“国进民退”），也目睹了很多上市公司控股权从国资转为民资（所谓的“国退民进”）。

与一些国有企业希望通过整体上市实现所有制的混合完成混改不同，作为公众公司的格力电器已经建立起相对规范的公司治理结构，股东大会和董事会在《公司法》和《公司章程》框架下规范运作。因此，我们并不能把格力电器作为上市公司十分正常的股权结构调整和控制权变更简单地与国企目前积极推进的混合所有制改革联系在一起。

但这次格力电器控股权受让无疑还是会对格力电器的公司治理产生积极的影响，我们可以从中预料到包括格力电器在内的原国有控股上市公司治理结构的变化趋势。概括而言，随着控股权的受让完成，包括格力电器在内的原国有控股上市相关公司治理结构将发生以下两个方面的变化。

第一，国有上市公司董事会制度建设从之前国有控股股东的大包大揽到分散股权结构下各方力量的协商和制衡。

控股股东的国有性质使原来作为国有控股上市公司的格力电器的关键岗位（董事长、CEO 和党委书记）需要由控股集团公司或上一级组织部门来提名（任命），尽管从 2006 年起，控股股东格力集团不断降低对格力电器的持股比例，从最初的 50.28%的绝对控股降至此次控股权受让前的 18.22%。通常在分散股权结构中，类似于格力集团所持的 18.22%的股份在格力电器的董事会组织中并不会发挥特别的作用。但由于控股股东国有性质的政治加持，只有 18.22%股份的格力集团在格力电器的董事会组织中却发挥举足轻重的作用，甚至可以“大包大揽”。而这一传统事实上是在格力集团持股 50%以上绝对控股时形成的，路径依赖和历史惯性延续至今，但格力集团所持的股份通过股权分置改革后历次减持已从最初的 50.28%绝对控股降至此次控股权受让前的 18.22%。

而高瓴资本入主格力电器将意味着上述路径依赖和历史惯性将被打破，未来格力电器董事会的组织和运行将通过各主要股东的协商。毕竟跃居格力电器第一大股东的珠海明骏目前仅持有格力电器 15%的股份，与持有格力电器股份比例为 8.91%的由格力电器主要经销商作为股东的河北京海相差不多，而董明珠个人也持股 0.74%。

同样值得观察的是，持有格力电器 3.22%股份的格力集团在未来格力电器的董事会组织和运行中将扮演怎样的角色。这同样是正在推进的国企混改能否真正实现从管企业到管资本这一根本转变的试金石。相比于通过引入民资背景战略投资者完成混改的其他国企，格力集团完成国企混改从管企业到管资本转变的制度转换成本无疑是最低的。理论上，从国资背景的控股股东转变为参股股东的格力集团将以股东的身份在《公司法》和《公司章程》的框架下参与股东大会、董事会组织和运行，维护自己作为股东的权益。在上述意义上，一些媒体把此次格力集团受让控股权理解为是实现从管企业到管资本的转变，进而与国企混改联系在一起，也不无合理性。

第二，国有控股集团公司历史使命的终结和新使命的角色冲突。在国资管理体系形成过程中，为了避免作为监管者的国资委直接作为出资人持股上市公司，从 2003 年开始，我国陆续形成了作为国资委持股平台的各种类型的产业集团。格力集团之于格力电器，联通集团之于中国联通是地方和中央国有上市公司控制的典型模式。珠海国资委通过全资控股格力集团间接控股A股上市公司格力电器，使格力电器成为地方国有控股上市公司；而国务院国资委通过全资控股联通集团间接控股A股上市公司，使中国联通成为中央国有控股上市公司。

持股仅18.22%的格力集团之所以在格力电器的董事会组织中可以大包大揽，其政治合理性来自代行国资委出资人的角色。在高瓴资本入主格力电器后，股权结构的变化意味着格力电器原有的政治合理性将被弱化。因而，格力电器此次控股权受让标志着原产业集团（控股集团公司）代行国资委出资人的职能开始向资本投资和营运公司的投资职能转化。因而我们有理由猜测，在未来的中国资本市场，围绕原国有控股的上市公司将活跃着以下几种类型的国有资本投资营运公司：一是国资委为了推动混改新成立的各类国有资本投资营运公司；二是由原产业集团在控股权受让完成后，类似于格力集团，转变为新的国有资本投资营运公司。

需要提醒读者注意的是，其一，在功能上新转为准国有资本投资营运公司的产业集团往往控股或参股其他经营实体，因此，其并非是单纯的资本投资和运营平台；其二，尽管最终归属于国资委（央企的归属结构更加复杂），但从产业集团被动蜕化为资本投资营运公司和单纯作为投资和资本营运平台的资本投资营运公司存在着现实利益的不完全一致，如何协调这两种不同来源和构成的资本投资运营公司将是国资未来真正实现从管企业到管资本转化和切实推进国企混改的关键环节所在。

如果我们非要从已经完成混改的格力电器正常的控股权受让中得到一些对国企混改的启发，也许是其可能为正在积极推进的国企混改带来的一些间接的思考方向。

格力集团减持格力电器股份意味着什么？

2019年12月2日晚，格力电器公告，原第一大股东格力集团已与高瓴资本旗下的珠海明骏签署格力电器股份转让协议。在格力集团完成向珠海明骏的股份转让协议后，斥资 416.6 亿元，从格力集团手中收购格力电器 15%股权的珠海明骏将成为格力电器新的第一大股东。而董明珠则借助传统的持股和有限合伙投资协议架构的综合设计，最终构建了一个长达 4 级的金字塔式的控股链条，形成对第一大股东珠海明骏在格力股东大会投票表决行为的潜在影响。

按照格力电器 2019 年三季报，截至 9 月底，在公司前十大股东中，格力集团持股 18.22%，为第一大股东；香港中央结算有限公司、由格力空调经销商设立的河北京海分别持股 11.92%、8.91%，分别列居第二、三。此外，董明珠持股 0.74%，为第七大股东；高瓴资本持股 0.72%，为第八大股东。这意味着，在格力股改完成后，董明珠可以潜在影响的股份，除了直接持有的 0.74%和河北京海持有的 8.91%，还将借助上述有限合伙协议框架和持股框架形成的金字塔式控股链条影响第一大股东珠海明骏持有的 15%。这尚不包括按照相关协议，上市公司未来还将给予管理层不超过 4%的股权激励。我们认为，这是一些媒体报道 2019 年 1 月成功连任格力电器董事长的董明珠成为这次格力股改“最大赢家”背后的原因。

应该说，格力电器这次股改围绕国企改制如何走完“最后一公里”以及如何设计股权结构加强公司控制等方面，都突破了以往固有的模式，开展了积极有益的探索。

第一，通过国有资本的适时退出和企业家择机入股，一方面变相承认了创业企业家董明珠的历史贡献，另一方面则帮助格力电器成功走完国企改制的“最后一公里”，实现了格力电器的有序传承。我们知道，有序传承问题不仅在民营家族企业中存在，很多从早年国企改制而来的带有国企基因的上市公司同样面临这一问题。历史上，葛文耀所在的上海家化、曾南所在的南玻 A 等由于没有较好地解决传承问题，为这些企业未来的发展或多或少留下了隐患。

纵观这些声名赫赫的创业企业家，我们不难发现，他们身上有很多共同之处。其一，他们付出大半生的努力引领当年规模很小，甚至亏损严重的国企或集体企业一步步成长为今天的行业龙头；其二，按照股权结构，他们并非企业真正的主人，即使在企业上市后他们持有的股份也并不多；其三，这些经过历史考验的优秀企业家对于他们所在的企业，甚至行业具有举足轻重的影响力。如果在股改过程中，我们能够以某种方式承认这些创业企业家的历史贡献，妥善解决这些由国企改制带来的上市公司所面临的特殊传承问题，将有助于这些企业实现基业长青；反之，则为这些企业未来的持续发展留下阴影和带来隐患。

在万科遭遇宝能举牌，进而引发的宝万股权之争中，历史原本为我们在实践中探索承认创业企业家的历史贡献，使万科这一同样由国企改制而来的上市公司实现有序传承提供了极佳的机会。无论是采用金降落伞计划，还是直接或间接的股权结构变动都是基于市场化思路解决当时股权纷争的可行方案。但令人十分遗憾的是，万科最终出人意料地选择引入深圳地铁国资简单维持现状，并没有试图从根本上解决万科这些企业所面临的特殊传承问题，而是将其简单搁置起来。

也许是汲取万科有序传承问题解决的教训，我们看到至少格力在这次的股改中，无论是控制性股份的转让方格力集团（及其背后的珠海国资委），还是董明珠本人都在更加主动积极地寻求市场化的解决方案。从万科的经验看，我们可以理解没有得到股权认同的创业企业家走或留的问题，但有时难以避免的意气用事和长期股权纷争使万科陷入发展的僵局和困境相信是所有人都不愿意看到的。在一定意义上，这次格力股改在各方的共同努力下，帮助格力电器走完国企改制“最后一公里”，实现了格力电器这一具有国企基因的上市公司的有序传承。格力股改的实践也为在中国为数不少的类似企业如何走完国企改制“最后一公里”积累了难得的宝贵经验。

第二，在格力股改过程中，董明珠通过综合采用传统的控股和有限合伙投资协议架构，以新的思路开展股权结构设计，加强公司控制。

除了借助传统的控股，董明珠还借助有限合伙投资协议架构，并综合使用两种控制方式，最终形成了一个长达 4 级的金字塔式控股链条，奠定了其对格力电器第一大股东珠海明骏在股东大会投票表决行为潜在影响的股权架构基础。

在这次格力股改中，董明珠建立金字塔式控股链条的实现方式可谓令人眼花缭乱。在格力电器新的大股东珠海明骏中，除了作为有限合伙人的深圳高瓴瀚盈出资 99.96%外，负责执行事务的普通合伙人珠海贤盈则出资 0.04%。而珠海贤盈的三个股东分别是出资占 50.5%的珠海毓秀、出资占 24.75%的 HH Mansion Holdings，以及出资占 24.75%的明珠熠辉。珠海毓秀作为执行普通合伙人，有权对珠海贤盈及其投资的珠海明骏的重大事项做出决策。

2019 年 9 月 26 日，格力电器管理层投资设立了由董明珠控股 95.2%，另外 17 位高管合计参股 4.8%的珠海格臻。珠海格臻在珠海毓秀中持股 41%，是珠海毓秀的第一大股东。明珠熠辉同时持有珠海毓秀 34%的股份。我们认为，这是一些媒体在报道中提及，在格力股改中，“珠海明骏及其股东珠海贤盈、珠海贤盈的股东珠海毓秀，都将引入格力电器管理层合伙公司珠海格臻作为合伙方之一”的事实基础。

通过上述复杂的有限合伙投资协议框架和持股框架，事实上，董明珠与她所服务的格力电器之间形成了一条长长的金字塔式控股链条。珠海明骏是格力电器的第一大股东，珠海贤盈是珠海明骏负责执行事务的普通合伙人，珠海毓秀是珠海贤盈负责执行事务的普通合伙人，珠海格臻又是珠海毓秀的第一大股东，而董明珠是珠海格臻的控股股东。

按照公开披露的信息，成为珠海明骏、珠海贤盈最高权力机构的珠海毓秀的董事会共有三个席位，高瓴资本、珠海格臻、明珠熠辉各提名一位董事，董事会决议需经 2/3 及以上的董事赞成才能通过。换句话说，体现和代表董明珠意志的珠海格臻至少拥有对不满意议案的一票否决权。尽管同时持有珠海毓秀 34%股份的明珠熠辉的角色有待观察，但毫无疑问，董明珠对珠海毓秀的董事会和股东大会的影响不言而喻。上述股权架构意味着董明珠影响下的珠海毓秀的董事会和股东决策将最终体现为格力电器第一大股东珠海明骏所提的相关议案和在股东大会上的投票表决行为。

容易理解，创业团队为了加强公司控制，往往倾向于或者类似于京东和百度通过直接发行 AB 双重股权结构股票，或者类似于阿里通过基于股权协议和主要股东背书和认同下的合伙人制度变相形成同股不同权架构，以此在投入资金有限的情况下实现对公司的有效控制。而此次格力股改，在一定意义上，董明珠通过综合控股和有限合伙投资协议架构同样实现了上述目的。

但这里需要说明的是，上述架构的采用显然并非没有成本，更不是像一些媒体解读的那样，“四两拨千斤”。作为一系列有限合伙投资协议的实际执行者，董明珠未来将承受巨大的短期投资回报压力。上述投资回报压力将迫使董明珠义无反顾、一往无前坚定地走下去。在一定意义上，原第一大股东格力集团通过转让第一大股东的地位成功地将原来背负的不堪承受的格力电器未来发展需要面对的市场压力和潜在挑战成功地转移到董明珠及其团队的身上。

第三，尽管这次格力股改看似走完了格力国企改制的最后一公里，实现了格力电器的有序传承，但格力电器未来的公司治理制度建设和运行实践依然存在诸多挑战。其一，如何避免有限合伙投资协议架构下追求短期投资回报压力可能形成的对格力电器长期稳健发展战略的干扰。其二，已经是实际经营者的董明珠在这次股改后平添了在股东层面骤然形成的影响力，这使得董明珠在格力电器中无论是股东层面还是董事会层面都形成了无法制衡和难以挑战的权威地位。这与在股改前存在同时具有经济和政治影响力的大股东格力集团可能形成的对董明珠的制衡不可相提并论。上述两种因素的叠加不排除未来格力电器在经营策略选择上采取更为激进行为的可能性。因此，在格力电器的董事会组织中，如何集合各种潜在的制衡力量，形成一种自动纠错机制是未来格力电器董事会制度建设和运行实践中十分突出和紧迫的问题。

16

万达的混改

被包装，甚至神化的混改的实质其实就是如今万达商业所从事的引入战略投资者。只不过混改是站在国企改革的背景，更多强调的是民企背景战略投资者的引入。今天如火如荼进行的国企混改又可以从民企万达的别样混改中学到什么呢？

2018年1月29日，万达商业与苏宁、京东、腾讯和融创等投资者签订战略投资协议，联手打造线上线下融合的新消费。当一些媒体在关注万达是否在互联网巨头新零售的竞争中“选边站队”，是否将彻底退出房地产时，我看到的却是万达这一民企所进行的别样混改。

一些读者一定惊诧于本章题目将混改和万达联系在一起，因为长期以来简称“混改”的混合所有制改革被认为只是国企的事。作为新一轮国企改革的突破口，今天混改在很大程度上已经成为国企改革的代名词。它不仅频繁出现在从中央到地方各级国资管理部门和国企日常的文山会海中，而且成为高校研究机构智库众多学者专家在研究报告和政策建议中滥觞的关键词。

被包装，甚至神化的混改的实质其实就是如今万达商业所从事的引入战略投资者。只不过混改是站在国企改革的背景，更多强调的是民企背景战略投资者的引入。应该说在国企改革40年中的绝大多数时间，引入战略投资者始终是国企改革的重心。我们时而强调股份制改造实现的资本社会化（例如，以“靓女先嫁”完成的部分国有企业上市），时而专注职工股份合作制的企业内部范围内的资本社会化（例如，一段时期曾十分流行的职工股份合作制）。今天如火如荼进行的国企混改又可以从民企万达的别样混改中学到什么呢？

第一，如何形成保障战略投资者权益的公司治理架构？我们观察到，此次腾讯和万达的合作并非双方的第一次合作。2014 年 8 月 29 日，腾讯、百度、万达曾宣布共同出资 50 亿元成立万达电子商务公司。在“腾百万”项目中，腾讯和百度的相关意见并没有被控股股东万达所接纳，转引媒体的语言就是，“在实际操作层面，腾讯和百度的意见没有得到充分尊重，最终意兴阑珊，选择了放弃”。在一年半烧光之前投资的 50 亿元后，腾讯和百度选择退出。出资分别占 15%的腾讯和百度提出的意见没有得到充分尊重，在很大程度上表明，“腾百万”项目的公司治理架构出了问题。

腾讯、苏宁、京东、融创四家以 340 亿元的对价分享万达商业 14%的股权。例如，苏宁云商出资 95 亿元人民币或者等值港币购买万达商业约 3.91%股份。然而，按照所签订的战略投资协议，在新的万达商业项目中，“苏宁、京东、腾讯和融创在万达商业将拥有董事会席位”。提醒读者注意的是，持股 3%左右拥有董事会的一个席位在股权相对集中的我国 A 股市场中并不多见。我们曾经观察到我国一些上市公司存在所谓的超额委派董事现象。主要股东在董事会组织过程中提名更多董事，形成董事会重大决策的实际影响力与其持股比例所反映的责任承担能力的分离。超额委派董事意味着承担责任与享有权力的不对称，从而形成一种经济学意义上的负外部性。然而，在腾讯与万达历史上存在股东相应权益没有得到有效保障的背景下，上述制度安排恰恰成为在新一轮合作下保障战略投资者权益的一个可置信承诺。

从民企万达混改到今天正在进行的国企混改，其中收获的一个重要的经验是：如何在公司治理制度安排上确保战略投资者的权益，并使相关承诺变得可置信。反观在混改中渐入佳境的国企，它们或者是把控制权部分让渡给民企（例如，浙江的“杭绍台”铁路项目和云南的“白药”项目），或者是在董事会组织中充分体现对战略投资者权益的保护。例如，在2017年8月完成混改的中国联通于2018年1月24日发布的公告中称，新一届董事会规模将由过去的7人扩大到13人，百度、阿里、腾讯、京东等外部投资者将获得6个席位的提名。在目前提名的8位非独立董事候选人名单中，除了3位联通高管，其余5位均来自战略投资者。其中，李彦宏、熊晓鸽等“商业明星”有望进入联通新一届董事会更是舆论关注的一大亮点。

第二，引入战略投资者进行混改是不是基于基本商业原则，而非其他，更非仅仅为了贯彻上级政府推行国企混改的政策。

国企改革寸步难行的一个很大原因往往是受一些其他因素的干扰。例如，曾经是国企改制标杆的格林柯尔一度被描述为在“国退民进”的盛宴中狂欢，进而成为国企改制中“国有资产流失”的典型案例。原董事长顾雏军本人更是因虚假注册、挪用资金等罪行被判刑十年。2017年12月27日，最高人民法院通过了对当年顾雏军案件的再审决定书。舆论把该案的重审与政府反复强调的企业家精神保护联系在了一起。

与国企改革往往会受到一些其他因素干扰不同，万达的混改则干脆利落得多。在刚刚摆脱“腾百万”项目的泥淖不久后，万达商业在2018年初随即展开与曾经的合作者腾讯等的新一轮合作。这一切看似突然，但从追求盈利的企业角度来看，再自然不过。

万达集团官网在围绕一些媒体“在互联网巨头‘新零售’的竞争中‘选边站队’”的质疑声中回应，“纯粹从公司商业利益出发选择合作伙伴，万达仍然是万达商业控股股东，并拥有线上线下融合发展的主导权和决策权，不会‘选边站队’，也不会做伤害其他方利益的事”。而万达的合作方又能从这次合作中得到什么呢？我们以苏宁云商为例。根据合作协议，万达将在电器3C、生鲜快消、母婴用品等领域为苏宁提供开店资源支持，并发挥其在商业运营上的优势协助定制苏宁易购广场。受此影响，在合作公告的当日，苏宁云商股价大幅上涨。

有人从万达商业与腾讯等的新一轮合作中联想到万达的债务危机和海外资产的转让。其实尝试混改的国企又有哪一家是运行状况良好、债务处于安全边界的呢？像历史上所有的改革一样，改革呼声最高的时候往往是危机四伏的时候；而一旦转危为安，改革的呼声戛然而止。让我们回头反观国企改革的历史又何尝不是？当我们依据商业原则，而非其他因素来指导国企混改时，可以看到，国企改革进展会平稳顺利得多。

从民企万达的混改中，也许我们得到的最直接启发是，国企混改如同我们日常生活中的所有活动一样，需要回归最基本和最简单的常识。

17

包商银行：金融企业的治理困境

金融企业不同于非金融企业的根本之处在于，如果说非金融企业融资活动是为了业务的开展，金融企业的融资（服务）则是其业务本身。由此决定了金融企业公司治理问题的独特性。2020年初发生的内蒙古包商银行的接管事件以及辽宁葫芦岛银行、山西晋城银行等的挤兑风波应该说只是一段时期以来我国中小股份制商业银行治理危机的缩影。那么，我国中小股份制商业银行治理危机的制度根源是什么？我们又有哪些相应的化解危机的途径呢？

包商银行：如何化解中小股份制商业银行的治理危机？

2020年初发生的内蒙古包商银行的接管事件以及辽宁葫芦岛银行、山西晋城银行等的挤兑风波应该说只是一段时期以来我国中小股份制商业银行治理危机的缩影。那么，我国中小股份制商业银行治理危机的制度根源是什么？我们又有哪些相应的化解危机的途径呢？

第一，在一些股份制商业银行中，缺乏民资背景的主要股东在相互制衡的前提下共同履行大股东角色的治理架构，导致内部人控制问题严重。中小股份制商业银行目前流行的股权架构是数家甚至十多家持股比例相同或接近的非国有资本作为主要股东。以山西晋城银行为例，其前十大股东持股比例最小为3.43%，最大为9.58%，没有一家超过10%，其中，中融新大仅比持股比例居第二的山西聚源煤化多了3个百分点而成为第一大股东。在这样的股权架构下，主要股东通过参股与银行建立密切的银企关系的考量显然多于作为股东参与公司治理、提升银行绩效的动机；持股比例均不高且彼此接近的主要股东在监督经理人问题上，一方面影响力有限，另一方面相互搭便车倾向严重，导致内部人控制问题严重。

在英美等国股权分散结构下公众公司通常面临的经理人内部人控制问题在我国中小股份制商业银行上述近似的股权架构下重现。这在一定程度上与监管当局在我国股份制商业银行的股权结构设计中鼓励数家持股比例较低且接近的民资背景投资者共同成为相互制衡的股东，以防范银行控制权丧失进而引发的可能的金融风险设计理念有关。尽管这样的初衷无可厚非，但事与愿违的是，上述股权架构往往成为内部人控制问题的温床，这是导致之后的治理危机十分重要的制度根源之一。

如果说，股权分散结构下内部人控制问题是我国中小股份制商业银行与英美等国的上市公司共同的糟糕的一面，那么，我国中小股份制商业银行上述股权结构更加糟糕的一面是，数个主要股东和管理团队之间，以及主要股东之间容易形成合谋，进行关联交易，使管理团队和少数股东从中受益，而使其他外部分散股东的利益受到损害。

理论上，如果持股比例较高、（对做出错误决策的）责任承担能力更大的大股东从监督管理团队提升企业绩效中所获得的收益足以覆盖其所付出的监督成本，与其他外部分散股东相比，该股东将有更大的激励来监督经理人。公司治理通常面临的股东之间在监督经理人问题上的免费搭便车问题由此得以缓解。因此，在我国中小股份制商业银行股权结构设计的调整方向上，我们鼓励通过混改使主要股东持有更大的比例，使其在公司治理中有激励更好地扮演积极股东的角色。在民资背景的股东作为股份制商业银行第一大股东的持股比例限制上，也许我们可以采取更加开放和包容的态度。毕竟，一些外资金融机构的持股比例上限已经允许突破 50%，让来自本土的民资资本持有更高的比例既符合竞争中性的原则和惯例，又有助于从根本上化解我国中小股份制商业银行的治理危机。

第二，使主要股东持有更高比例以更好扮演积极股东的角色并不意味着形成一股独大的股权结构，而是形成在主要股东之间权力制衡的结构。一个一股独大下爆发治理危机的反例是 2019 年 5 月被接管的包商银行。在包商银行的股权结构中，归属明天集团的机构股东有 35 家，占全部 79 家机构股东的 44%，持股比例累计高达 89.27%。由于上述集中的股权结构，股东大会完全成为"明天系"主导的决策机构。用前包商银行接管组组长，现任国开行副行长周学东的话说，"股东大会'形式化'或'走过场'，成为大股东干预和掏空包商银行的合法外衣，股东监督机制名存实亡"。专案组介入上诉案件，从 2005 年到 2017 年 5 月，包商银行仅大股东占款就累计高达 1 500 亿元，每年的利息多达百亿元。包商银行长期无法还本付息，资不抵债的严重程度超乎想象。

因而，对于中小股份制商业银行股权结构的一般设想是，既不能股权相对分散，甚至太分散，因为没有股东愿意提供监督经理人这一公共品，而让其他股东搭便车；也不能让股权太过集中，使商业银行所吸收的存款成为大股东取之不尽、用之不竭的提款机。一个合理的股权结构是鼓励主要股东持股比例增加，以增加其责任承担能力，避免搭便车行为，同时尽可能在 2～3 个势均力敌的股东之间，形成股权制衡，避免在一股独大下形成超级控制权和之后的掏空行为。

第三，对于国有控股的城商行（股份制商业银行）则需要通过引入民资背景的战略投资者进行混改，形成股权制衡的治理结构，避免因国有股一股独大所有者缺位而引发内部人控制问题。我们注意到，一些国有控股的城商行在近年来爆发的股份制商业银行的治理危机中同样无法得以幸免。理论上，这些国资控股背景的股份制商业银行有控制性股东自觉承担监督经理人的职责，并不会像股权分散结构下的股东一样相互搭便车，导致监督经理人这一公共品提供的缺乏。甚至，我们很多国资控股的股份制商业银行的董事长往往由在我国扮演特殊治理角色、发挥独特作用的党委书记兼任。然而，这些国有控股的股份制商业银行公司治理依然危机重重。一个典型的例子来自恒丰银行。从股权结构看，持股比例19.4%的第一大股东是山东省烟台市国资委100%控股的烟台蓝天投资，第二大股东是持股比例12.4%的新加坡大华银行，即使是第三、四、五大股东，持股比例也均在10%左右。如果是普通的股份制商业银行，则上述制衡的股权结构具有合理性。然而，恒丰银行的问题在很大程度上来源于董事长以往甚至任上的行政级别高于可能监督的控股股东。例如，恒丰银行前董事长兼党委书记蔡国华在空降恒丰银行之前是烟台市委常委、副市长兼国资委党委书记。这显然不是烟台国资委100%控股的烟台蓝天投资可以有效监督的。由于上述制度设计上的缺陷，尽管存在大股东，甚至是一股独大，但由于所有者缺位，不可避免地导致了所谓的中国式内部人控制问题的出现。因此，类似恒丰银行的国有控股股份制商业银行出现治理危机同样不是偶然。

这里需要提醒读者注意的是，同样是我国中小股份制商业银行的内部人控制问题，制度诱因是不同的。在晋城银行的案例中，是股权分散使得股东之间相互搭便车，有效监督不足导致的内部人控制问题；而在恒丰银行的案例中，则是在国有股一股独大下，由于所有者缺位导致的内部人控制问题。对于前者，应鼓励主要股东持有更高比例的股份，使相关股东有激励履行大股东设定的监督经理人的职责，扮演积极股东的角色；而对于后者，则应鼓励通过国企混改，引入盈利动机明确的民资背景的战略投资者，形成制衡的股权结构，以解决所有者缺位下的监督无效问题。

第四，增强董事会的独立性，使没有严格履行职责的独立董事不仅遭受声誉的惩罚，而且施以严厉的财务处罚。由于独立董事需要在关联交易、抵押担保等重要涉嫌损害股东利益的问题上出具独立意见，因此，独立董事的引入在客观上增加了信息的透明度和内部人损害股东利益的成本；与此同时，不同于存在职业依附的内部董事，更在意市场声誉同时更加独立的独立董事挑战管理层决策的成本往往低于内部董事，更有可能在损害股东利益的相关议案表决中出具否定意见。因而来自外部、身份独立、注重声誉的独立董事成为制衡内部人控制的重要力量。我们注意到，大多数股份制商业银行并没有上市，同样是中小股份制商业银行治理危机爆发的制度诱因之一，原因在于：一方面缺乏资本市场和证券监管当局的外部监管；另一方面包括独立董事在内的内部控制制度和外部审计制度不完备。

第五，铲除监管腐败，加强中小股份制商业银行的监管，增强商业银行的透明度，将银行业务置于严格的内部控制和合规的外部审计体系下。不同于非金融企业融资活动是为了业务的开展，金融企业的融资（服务）则是其业务本身。作为金融企业的商业银行，发放的每一笔贷款事实上都涉及基本的投资回报问题，属于广义的公司治理范畴。商业银行的业务开展在很大程度上是无数具体公司治理事务的综合。商业银行会计、审计的重点因此不仅仅是确保股东投资收回和获得合理回报，而是要同时保障包括储户在内的间接投资者的权益。在上述意义上，成为金融企业的前提条件是需要建立比普通公众公司更加严格的内部控制和外部审计制度。

与此同时，筹集资金和发放贷款涉及千家万户和众多企业，商业银行相比于其他企业涉及更大的经济外部性，政府的监管不仅需要而且必要。这是我们观察到一家金融业上市公司除了要受到来自证监会对其作为公众公司所需履行的信息披露等义务的监管，还要受到来自银保监会对其业务开展合规性的监管，更要受到来自“银行的银行”的中央银行在存款准备金和再保险等方面的监管背后的原因。然而，被贪腐的银行官员俘获的监管腐败却导致中小股份制商业银行有效监管缺失，这一点在包商银行的案例中尤为突出。部分甘于被“围猎”的地方监管高官不仅收受贿赂，还插手包商银行内部人事任命和工程承揽等事务；有些关系人通过自己控制的公司从包商银行骗取巨额贷款，通过自办的律师事务所从包商银行获取高额律师服务费。因此，如何在法制原则下建立公正透明的监管框架，中小股份制商业银行的监管依然有很长的路要走。

金融企业的治理：如何有效利用当地信息？

长期以来，一方面，鉴于金融企业（商业银行、保险公司、信托公司、资产管理公司等）的会计标准与制造业等非金融企业并不相同，在围绕公司治理主题开展的实证研究中，我们经常将金融企业予以剔除；另一方面，受到进入门槛的限制，金融企业的样本和观察值往往有限，并不符合开展经验研究需要具备的大样本统计特征。由于上述两方面的原因，我们对金融企业的公司治理问题通常缺乏基于大样本经验研究证据支持的一般结论。

那么，与非金融企业相比，金融企业的公司治理问题究竟有哪些独特之处呢？概括而言，金融企业不同于非金融企业的根本之处在于，如果说非金融企业融资活动是为了业务的开展，金融企业的融资（服务）则是其业务本身。由此决定了金融企业公司治理问题的独特性。

金融企业公司治理问题的独特性具体体现在以下几个方面。第一，在资金来源上，非金融企业业务开展所需的投入很大部分来自股东的投入，因而确保股东资金的投入和回报按时收回这一基本的公司治理问题（以及资本结构选择等融资问题）就变得十分重要；而对于金融企业，一旦成为金融企业，其最关心的是业务资金链条是否断裂的问题。至于股东的投入和回报在规模庞大的业务经营资金面前变得微不足道，能否按时收回在一定程度上变得无关紧要。

第二，在业务开展上，金融企业开展的每一项业务（如商业银行发放的每一笔贷款）事实上都涉及基本的投资回报问题，属于广义的公司治理范畴，因而金融企业的业务开展在很大程度上是无数具体公司治理事务的综合。

第三，在会计、审计上，金融企业业务的性质决定了独特的会计标准和审计原则。会计、审计的重点不仅仅是确保股东投资收回和获得合理回报，而是要同时保障包括储户在内的间接投资者的权益。在上述意义上，成为金融企业的前提条件是需要建立十分严格的内部控制制度，而这恰恰是公司治理的基础性制度安排。

第四，与非金融企业相比，金融企业通常受到更加严格的政府监管。作为需要获得金融牌照的管制行业，金融企业比非金融企业具有更高的进入门槛。筹集资金和发放贷款涉及千家万户，这使得金融企业相比于非金融企业涉及更大的经济外部性，政府的监管不仅需要而且必要。这是我们观察到一家金融业上市公司除了要受到来自证监会对其作为公众公司所需履行的信息披露等义务的监管，还要受到来自银保监会对其业务开展合规性的监管，更要受到来自"银行的银行"的中央银行在存款准备金和再保险等方面的监管背后的原因。

我们注意到，一段时期以来，尽管存在与非金融企业相比更为严格的会计、审计制度，以及来自证监会、银保监会和中央银行的多重监管，但很多金融企业（如一些地方城商行和保险公司）依然出现呆坏账损失严重、资金链条断链，甚至其他严重违法违纪行为。从表面看，这些问题似乎都在经营层面，例如，贷款发放标准不够严格，贷款程序存在瑕疵。然而，透过经营不善的表象，其实我们不难发现这些现象的背后恰恰表明这些金融企业自身的公司治理出了问题。那么，这些金融企业的治理问题究竟出在哪里呢？

第一，很多金融企业（城商行甚至一些股份制商业银行以及保险公司），并没有通过上市成为真正意义上的公众公司，投资者权益保护意识淡薄，信息披露义务缺失。从资金来源看，这些金融企业（地方城商行和保险公司）不乏具有民资背景，甚至外资背景的股东，但在一股独大的股权结构下，大股东占据举足轻重的地位。投资有限的民资背景的股东更加看重的是贷款获得或其他业务开展的便利性，而对于自身作为投资者的权益保护则睁一只眼闭一只眼，放任这些城商行在一定程度上沦为地方财政的提款机。

第二，这些金融企业的董事长和总经理的产生更多是当地政府行政官员统筹安排中的一环，具有浓郁的政府官员色彩。这些从政府官员转岗而来的金融企业的董事长和总经理习惯于服从上级（控股股东）部门的指示和命令，对于如何保护股东的权益，实现股东价值最大化这一基本公司治理问题则不甚了了，甚至无兴趣了解。

第三，一些金融企业虽然存在董事会、监事会等公司治理制度安排，甚至一些准备上市的金融企业还引入独立董事，但由于一股独大的股权结构和行政任命产生的董事长和总经理，董事会往往难以发挥预期的监督制衡作用，不可避免地沦为“橡皮图章”和“花瓶”。

在上述三个因素的共同作用下，在这些金融企业（一些地方城商行尤其严重）中，一方面，国有资本（地方财政持控制性股份）传统的所有者缺位问题没有从根本上解决，没有人真正关心这些投入金融企业的国有资本是否真正盈利；另一方面，在这些缺乏真正所有者的金融企业中形成的以行政任命的董事长为核心的内部人控制格局中，董事长在资金调配和贷款发放上具有说一不二的支配权，此时，金融企业的各项内部公司治理制度和外部监管在一定程度上成为摆设。一个原本应该关心股东权益的金融企业董事长，在上述内部人控制格局形成后，变得只关心两个问题：其一是不管上级的命令是否合理都不折不扣地执行，令上级满意；其二是在上级满意的前提下，如何使自己满意。

在上述转变发生后，尽管我们的监管当局在努力履行监管义务，但这些可以调动企业所有资源的金融企业，在执行上级控股股东命令的幌子下，开始与监管当局玩起“猫捉老鼠”的游戏，使得监管当局防不胜防。在这一意义上，仅仅依靠监管当局的外在监管，而缺乏利用当地信息开展内部治理制度安排是很多金融企业遭遇目前困境的内在原因，这同样成为金融企业公司治理问题需要认真总结和积极思考的经验教训。

那么，如何使这些金融企业有效利用当地信息，积极改善公司治理，从根本上摆脱目前的治理困境呢?

首先，借鉴国企混改的思路，引入盈利动机明确的民资背景的战略投资者，形成股权制衡的股权结构。虽然一些金融企业已经引入社会资本，形成多元的股权结构，但由于一股独大，并不能形成制衡的股权结构，一股独大的国资的所有者缺位的痼疾无法得到根本解决。在上述意义上，目前很多金融企业就是典型的国企，应该成为新一轮国企混改的重要对象。在金融企业的混改完成后，所引入的盈利动机明确的民资背景的股东为了切实保护自身权益，将有激励推动包括股东大会、董事会（董事长的产生和更迭）等基本公司治理制度建设，形成对以往行政任命的董事长的内部人控制格局的制衡。股东大会将切实围绕如何保护股东权益展开讨论，有效避免大股东可能的隧道挖掘等损害股东权益的行为。当然，董事长假公济私损害股东权益的行为更是在制衡的股东大会严格禁止之列。

其次，还原董事会作为公司治理的核心地位。在董事会的组织上，应该严格按照股东持股比例提名，经过权力制衡的股东大会表决产生代表各方利益的董事会。为了加强董事会的监督功能，可以借鉴上市公司大比例引入来自外部、注重声誉、兼职性质，挑战内部人成本较低的独立董事。独立董事并非来自大股东的提名，而是来自中小股东，甚至监管当局的推荐。

在完成上述治理结构的转变后，我们将看到原本面临严格的会计、审计标准和各项外部监管的金融企业自身防范经营决策失误的能力将出现几何级数的提高。这事实上就是哈耶克所指出的，只有利用当地的信息才会使监督变得更加有效的逻辑基础。而制衡的股权结构和作为公司治理核心强调股东权益保护的董事会无疑是合理产生和有效利用这些当地信息开展有效监督的关键。

金融控股公司：从准入监管到合规治理

为推动金融控股公司规范发展，有效防控金融风险，更好地服务实体经济，依据《国务院关于实施金融控股公司准入管理的决定》（以下简称《决定》），中国人民银行印发了《金融控股公司监督管理试行办法》（以下简称《办法》），该《决定》和《办法》自2020年11月1日起施行。

容易理解，上述《决定》和《办法》的出台，出发点是阻止类似于“明天系”这样的资本系族通过控股包商银行等金融机构，获得缺乏有效风险管控的资金支持，从而快速扩张，甚至引发系统性金融风险。按照中央银行前行长周小川的说法，“为了实现快速扩张，最近十多年，一些大型的企业都想搞金融控股公司，或者说未正式搞金融控股公司而实际在‘插足’金融类公司。原因无非是能支持一定程度的自融，另外就是便于从其他地方获得融资。能快速地变成虚假资本金，可以实现快速扩张、野蛮扩张”。

如果说2015年前后我国资本市场充斥着一度被监管当局叱责为“野蛮人”、“妖精”和“害人精”的投资机构，那么，在这些投资机构中，除了已为人所知的举牌险资，其实还有很多隐身在复杂金字塔结构中的实质为金融控股公司的金融大鳄。来自内部的中国式内部人遭遇来自外部的门外举牌的野蛮人（险资），再加上这些兴风作浪的金融大鳄，共同使中国资本市场在那一时期陷入所谓的公司治理困境。因而，上述《决定》和《办法》的出台对于抑制金融大鳄出现这重要一环是具有现实意义的。

那么，我们应该如何理解和评价上述《决定》和《办法》的政策制定优点和制度设计不足呢？

第一，这次出台的《决定》和《办法》加强了对金融控股公司的准入监管，然而对金融业务监管的事中加强和监管腐败的查处的强调略显不足。

这次出台的《决定》和《办法》中的一个政策亮点在于明确了中国人民银行作为金融控股公司准入监管主体。我们知道，类似于在资本市场对国有企业的收购需要上一级国资部门批准一样，对波及面广、影响力大、外部性较强的金融机构的控股同样需要报批各级金融监管机构。在新出台的《决定》和《办法》中，则将准入监管的主体统一明确为中国人民银行。

然而，对照包商银行的案例，我们不难发现，包商银行治理危机的核心是在监管腐败下对银行业务的监管缺失。换句话说，当包商银行的业务已经做得不像银行业务时，监管当局不仅睁一只眼闭一只眼，甚至两只眼全部闭起来。如果监管当局能够依据审慎原则加强事中监管，使包商银行的每笔业务做得更像银行原本的业务，包商银行的控股股东是谁其实既是重要的，也是不重要的。

尽管上述《决定》和《办法》出台声称“体现了金融业是特许经营行业和依法准入的监管理念，也符合主要国家和地区的通行做法”，但上述准入监管加强无疑会提高成为金融控股公司的门槛，提升一些希望进军金融行业的企业集团的进入壁垒，不利于打破垄断的局面和实现所有制之间的竞争中性。例如，在已有的金融控股公司中，“明天系”、海航集团、复星国际、恒大集团等民资是通过投资、并购等方式逐步控制多家、多类金融机构而成为金融控股公司的；而阿里、腾讯、苏宁云商、京东等互联网企业是首先在电子商务领域取得优势地位后，逐步向金融业拓展，获取多个金融牌照并建立起的综合化金融平台。如果未来新的企业集团希望成为金融控股公司，并与这些已经成为金融控股公司的在位企业集团展开竞争，上述准入监管政策的出台则意味着难上加难。

十分有趣的是，上述《决定》和《办法》在把准入监管纳入中国人民银行的同时，却把根除治理危机关键的金融业务监管依然留给了各监管部门，甚至把财政部也拖下水。按照《办法》，“中国人民银行依法对金融控股公司实施监管，审查批准金融控股公司的设立、变更、终止以及业务范围”，“国务院金融管理部门（银保监会、证监会）依法按照金融监管职责分工对金融控股公司所控股金融机构实施监管”，“财政部负责制定金融控股公司财务制度并组织实施”。从上述监管安排中，“铁路警察——各管一段”的意味明显，以至于《决定》和《办法》不得不多次强调，“人民银行对金融控股公司实施监管，金融管理部门依法按照金融监管职责分工对金融控股公司所控股的金融机构实施监管”，“人民银行会同相关部门建立金融控股公司监管跨部门联合机制，加强监管合作和信息共享”。

值得期待的是，这次出台的《决定》和《办法》强调“以并表为基础，按照全面、持续、穿透的原则”规范金融控股公司的经营行为，将有助于金融监管当局加强对金融控股公司所控股的金融机构的金融业务的监管。

第二，这次出台的《决定》和《办法》强调了对涉及金融业务的企业集团的控股链条的限制，但对我国资本市场普遍存在的资本系族背后的金字塔控股结构及其微观治理基础缺乏系统的认知和相应的举措。

正如一些媒体已经注意到的那样，虽然实践中部分企业盲目向金融业扩张，隔离机制缺失，风险不断累积，但一些实力较强、经营规范的机构通过这种模式（金融控股公司），优化了资源配置，降低了成本，丰富和完善了金融服务，有利于满足各类企业和消费者的需求，提升金融服务实体经济的能力。那么，究竟是什么因素导致这些金融控股公司从丰富和完善了金融服务的积极力量，蜕化甚至堕落为盲目扩张、不断累积风险的消极力量？

除了包括媒体监督、司法正义和资本市场的公平竞争等积极的外部治理环境，金融控股公司所处的金字塔控股结构下形成的实际控制人控制权和现金流权分离显然是类似于包商银行治理危机爆发的制度根源。我们以一个简单的例子来说明金字塔控股结构是如何帮助控股股东实现控制权与现金流权分离的。假设有一家母公司持有子公司 50%股份，而子公司持有孙公司 50%股份的金字塔控股所形成的企业集团，虽然母公司对孙公司现金流权只有25%（50%×50%，由母公司出资占孙公司全部资本成本比例所体现），但其（通过50%控股子公司）对孙公司的控制权是50%（由子公司对孙公司50%投票表决权所体现）。借助金字塔控股结构，只有孙公司25%现金流权的母公司，实现了对孙公司50%以上的控制，导致了所谓的控制权和现金流权的分离。这里的控制权代表实际控制人在上市公司股东大会上以投票表决方式实现的对公司重大决策的影响力，而现金流权则代表以实际投入上市公司出资额为表征的责任承担能力。两者的分离意味着实际控制人责任承担能力同享有的控制权的不对称，形成了经济学意义上的负外部性。利用（通过50%控股子公司）对孙公司50%的控制权，母公司迫使孙公司与子公司进行关联交易，把孙公司的部分资源输送到子公司。对孙公司现金流权只有25%的母公司，以每单位25%的损失，换来子公司每单位50%的收益，由此使孙公司外部分散股东的利益受到损害。

在上述金字塔控股结构下，对于一些非核心业务，实际控制人进行资本运作获取高额市场炒作回报的动机，远远高于通过改善经营管理增加盈利的兴趣。他们会频繁对非核心业务或者资产进行置换，增发新股，以及并购重组等来进行市场炒作。因而，在2015年前后我国资本市场出现的公司治理困境，隐身于金字塔控股结构的金融大鳄、被称为所谓野蛮人的举牌险资，以及接下来分析的中国式内部人共同成为重要推手。

需要说明的是，金字塔式控股结构的存在是中国式内部人控制问题的制度温床之一。这里所谓的内部人控制，指的是公司高管利用实际所享有的超过责任承担能力的控制权，做出谋求私人收益的决策，但决策后果由股东被迫承担，造成股东利益受损的现象。之所以把它称为中国式，是由于在我国一些上市公司中，内部人控制问题形成的原因并不会引发英美等国传统内部人控制问题的股权高度分散和向管理层推行股权激励计划，而是与我国资本市场制度背景下特殊的政治、社会、历史、文化和利益等因素联系在一起。

在我国资本市场，很多上市公司往往置身于通过各种复杂控制链条连接的金字塔式的控股结构中，从而形成各种各样的资本系族。处于金字塔顶端的大股东（特别是具有国有性质的控股股东），或者奉行无为而治，或者鞭长莫及。看起来似乎存在大股东，但由于所有者缺位和大股东的不作为，董事长往往成为一家公司的实际控制人。伴随着金字塔控股结构控制权链条的延长，所有者缺位从而使内部人控制现象更加严重。

不仅如此，金字塔式控股结构还是腐败官员政商勾结的温床。复杂的金字塔结构提供了多样化的利益输送途径，使得监管当局无法对关联公司的关联交易进行有效识别和监管。近年来，曝光的很多权钱交易、官商勾结丑闻都发生在金字塔式控股结构的资本系族中。同样重要的是，金字塔式控股结构的存在与当下中国社会普遍不满的贫富差距扩大脱不了干系。少数权贵借助金字塔控股结构巧取豪夺，短时间内积聚了大量的财富，加剧了中国社会财富分配的不均。

尽管在我国资本市场发展早期，利用金字塔控股结构作为内部资本市场来一部分代替当时并不成熟的外部资本市场具有合理性，然而随着金字塔控股结构在鼓励实控人掏空所控股公司，迎合实控人资本炒作的偏好，形成中国式内部人控制以及成为官员腐败温床，扩大贫富差距等负面效应的显现和抬头，我国资本市场也许到了向金字塔式控股结构说“不”的时候了！

与这次《决定》和《办法》出台的政策背景与监管内容相似的一个历史对照是美国 20 世纪 30 年代大萧条期间爱迪生联邦公司的破产所导致的 1935 年美国《公共事业控股公司法案》（PUHCA）的出台。该法案从防范金字塔式并购带来的财务风险出发，限制公用事业控股公司拥有太多的附属公司和交叉持股。随着美国电力行业进入管制时代，公用事业控股公司股权变得越来越分散，以致出现大量的所谓的“寡妇和孤儿持股”现象，金字塔控股结构逐渐从公用事业这一最后的堡垒消退。而金字塔控股结构在美国其他行业的消退则是通过开征公司间股利税，使控制子公司、孙公司的金字塔母公司处于税负不利状态这一市场导向的税收调节方式实现的。美国包括公用事业在内的大部分行业从此进入股权高度分散，没有复杂的金字塔控股结构的时代。

而在这次出台的《决定》和《办法》，类似于 PUHCA ，对金融这一特殊行业，明确限定“其所控股机构不得反向持股、交叉持股”。与此同时，强调“金融控股公司应当具有简明、清晰、可穿透的股权结构，实际控制人和最终受益人可识别，法人层级合理，与自身资本规模、经营管理能力和风险管控水平相适应”。

毋庸置疑的是，与 PUHCA 对公用事业控股公司的行业和区域进行限定以及规定控股公司控制不能超过两层不同，对于法人层级多少为合理，股权结构如何设计才能与自身资本规模、经营管理能力和风险管控水平相适应，这次出台的《决定》和《办法》事实上并没有给出明确的答案。这在一定程度上表明，对于带来上述种种制度弊端的金字塔控股结构，我们目前依然采取“犹抱琵琶半遮面”的“暧昧”态度。

概括而言，这次出台的《决定》和《办法》在很大程度上并没有摆脱传统的监管理念、监管实施路径和监管内容设计。在监管理念中，正如所宣称的那样，其所依据的是宏观审慎管理这一传统的宏观经济管理理念。例如，纳入监管的金融控股公司需要实质控制两类或两类以上金融机构（控制一类金融机构的控股公司为何不再纳入金融控股公司的监管?），金融机构的总资产或受托管理资产在一定规模以上。容易理解，金融业务有限和资产规模小的金融机构，引发系统性金融风险的可能性较小，显然并不再需要审慎管理的范围内；在监管实施路径上，这次出台的《决定》和《办法》，更多是操作相对简单的事前监管，而对控制这次包括包商银行在内的治理危机更加重要的金融业务事中监管和事后惩罚则着墨有限；在监管内容设计上，这次出台的《决定》和《办法》，则更多是从资金来源和运用、资本充足性要求和风险管理体系构建等常规银行体系的监管思路，而没有更多地从资本市场金字塔控股链条这一基本金融生态出发，深入到金融控股公司的微观治理结构，一般性地应用市场化的手段加以引导和调节。因而，如何从准入监管走向合规治理，依然是金融控股公司相关政策制定面临的突出挑战。

尽管这次出台的《决定》和《办法》在监管理念、监管实施路径和监管内容设计等方面存在这样或那样的不足，但毫无疑问的是，这一《决定》和《办法》出台的背后表明监管当局已经意识到金字塔控股结构存在的社会经济政治危害，开始以加强监管的方式进行限制。这是否意味着我国资本市场向金字塔控股结构说“不”的开始呢？我们拭目以待。

18

恒大汽车：互联网时代产业转型升级的两面性

互联网时代的来临一方面降低了产业转型和升级的门槛，另一方面则使得只有少数积累了雄厚资本和良好声誉的头部企业具备借助互联网实现产业快速转型和升级的可能性。互联网时代产业转型和升级所蕴含的两种充满内在矛盾的发展逻辑在一定程度上决定了互联网时代的产业转型和升级比以往承担更大的风险。

2021年开年不久，在多家实力战略投资者260亿港元入股的利好消息的推动下，恒大汽车（00708. HK）市值一路飙升，逼近4 000亿港元台阶，单日升幅一度高达52%。恒大汽车市值高企随之引发争议。我们注意到，恒大汽车的最新市值已经超越包括恒大汽车母公司中国恒大在内的A股和港股任意一家地产板块上市公司的市值。一些网友对此评论到，“这股市越来越梦幻。恒大汽车的市值已经甩恒大地产上市公司两条街。做1年汽车比造20年房子赚钱”。让很多网友更加难以理解的是，恒大汽车连一辆汽车都还没交付，就已经成为中国第四大汽车公司，乃至于网上有“恒大汽车，现在就差车了”的说法。一些网友甚至嘲讽到，“只要站到风口上，猪都能飞起来，何况是PPT呢”？那么，我们应该怎样解读恒大汽车市值高企引发的争议呢？

其实，对于很多熟悉金融，尤其是资本市场知识的读者而言，“为什么恒大汽车还没有交付一辆汽车，市值却超过中国恒大”本身并非问题的关键。不同于会计是对已经发生的企业盈利状况“向后看”的回顾和总结，金融是对尚未发生的现金流“向前看”的估算和预测。金融向前看的视角决定了一家上市公司现在的市值往往受到以下两个方面因素的影响。其一是相同产业的成熟上市公司的市值将成为正在走向成熟的公司市值估算和预测的基础。作为世界汽车工业发展史上的一次新的革命，新能源汽车是朝阳产业，预期市场规模超万亿。作为全球最大的新能源汽车市场，中国新能源汽车产量在 2020 年疫情肆虐下依旧大幅提升 10.9%，达 137 万辆，2021 年预计增速还将超过 30%。在新能源汽车成为炙手可热的风口的趋势下，就连屡战屡败的法拉第未来都有望获得新生。近期有报道显示，不仅吉利有意参与法拉第未来的新一轮融资，来自珠海市的国资也拟向法拉第未来投资 20 亿元，帮助其在珠海建设生产基地。在进入新能源汽车这一高科技领域后，恒大汽车的估值逻辑完全脱离了传统地产的估值逻辑。

其二是资本市场普通投资者对自己并不了解和熟悉的项目的投资决策往往依赖观察身边对相关项目有详细尽调和研究的专业投资机构的投资行为。2020 年 9 月 15 日，恒大汽车通过配售新股募资 40 亿港元，投资方包括腾讯、红杉资本、云锋基金及滴滴出行等多名知名国际投资者。恒大汽车的首次融资就同时获得了马化腾、马云、沈南鹏和程维的支持。2021 年 1 月 24 日，恒大汽车再次融资，向 6 家战略投资者定向增发 9.52 亿股新股，共引资 260 亿港元，成为我国新能源产业历史上规模最大的股权融资之一。这 6 家战略投资者不仅投资入股，更加难能可贵的是自愿锁定 12 个月，做出与恒大汽车共进退的姿态。可以想象的是，如果连这些慧眼独具的战略投资者都如此看好恒大汽车，普通投资者又有什么理由拒绝恒大汽车呢？

应该说，在资本市场主要“看以往类似项目的估值”和“看身边专业投资机构的投资决策”来决定这两个影响市值的关键方面，恒大汽车在目前的融资策略制定和实施步骤掌控上可谓“可圈可点”。尽管恒大产业转型和升级所选择的新能源汽车属于制造业，而恒大传统主业属于建筑业，但住房和汽车都属于贴近老百姓日常生活的民生基本必需品，未来需求稳定旺盛。更加重要的是，在讨论后疫情时代经济政策走向时，一个异军突起的概念是新基建。恒大旗下的研究院为新基建等国家相关产业政策的出台不遗余力地摇旗呐喊。包括新能源汽车充电设备在内的新基建随之成为国家产业政策扶植的重点产业之一。因而恒大从房地产向新能源汽车转型升级可谓蓄谋已久，蓄势待发。

按照相关媒体的报道，截至 2020 年底，恒大汽车在全球拥有 10 个最先进的生产基地；同步研发 14 款车，其中 6 款已发布；快速筹建展示体验、销售、维保修售后服务三大中心，包括 36 个展示体验中心、1 600 个销售中心；并凭借房车宝平台拥有的 2 162 万全民经纪人、3 万个线下销售中心，构建起庞大的线上线下销售网络。恒大汽车股价的强势表现，在一些业内人士看来，显然符合业界对该公司产品开发进度以及发展前景的预期。

为数不少的业内人士甚至持有恒大汽车依然处于价值洼地，市值仍然被低估的观点。其中一个重要理由是，恒大汽车堪称神速的造车进度。有消息显示，在对外发布 6 款车型中，“恒驰 1”作为旗舰车型，已经实现路跑。恒驰系列车型计划将于 2021 年下半年陆续量产。随着恒驰大规模量产，恒大汽车股价必然会迎来新一轮上涨浪潮。一些业内人士由此认为，与其强劲的发展势头相比，恒大汽车市值赶超特斯拉并非不可能，如果以现价计算，其股价还有 16 倍增长空间。

一些网友对恒大汽车市值高企的担心不仅仅与采用向后看的会计而非向前看的金融视角有关，而且还与采用传统基准来衡量评价恒大正在积极推进的产业转型和升级有关。传统产业转型升级更多强调转型升级的产业与原有产业之间的内在关联性，一个向上游或下游自然延伸的垂直一体化才会被认为是合理的。而恒大从房地产向新能源汽车转型升级显然并不符合上述逻辑。这事实上也是恒大汽车市值高企备受争议的地方之一。

互联网时代的来临事实上为产业转型和升级带来新的趋势，这也许是一些网友和市场观察者尚未发现的。概括而言，互联网时代为产业转型升级带来了两个方面的效应。一方面，借助互联网驱动的数字化转型，从一个产业转型升级到一个全新产业的门槛大为降低了。互联网时代也使得在传统时代容易保守的商业机密通过各种潜在途径提前泄密。一个试图进入某一领域的新进入者，尽管缺乏前期的相关知识积累，但完全可以利用互联网时代显性的技术和隐性的思维，很容易将一个新的产业所需求的顶级产业链组织起来。

换一种说法，互联网时代使得专业化分工不仅可以在更加广阔的层面实现，而且可以以相对低廉的成本实现，产业转型升级的门槛大为降低。我们以恒大汽车为例。面对恒大汽车造车所缺乏的技术、人才、经验，许家印在 2019 年底的新能源汽车战略合作伙伴会议上指出了恒大汽车换道超车的路子，那就是“把能买的都给它买了”。2019 年 1 月 15 日，恒大健康宣布以 9.3 亿美元的价格收购国能新能源 NEVS 51%的股权。随后，恒大又分别投资 10.6 亿元人民币、5 亿元人民币，控股了卡耐新能源、泰特机电；投资 1.5 亿欧元购买了 Aipraaz AB 部分股票，成为超级跑车品牌柯尼塞格大股东；收购了车轮毂电机技术公司 Protean；与德国 hofer 动力总成集团成立合资公司；与德国 BENTELER 集团、德国 FEV 集团合作，获得新能源汽车 3.0 底盘架构知识产权。通过上述买买买，新能源汽车生产的供应链雏形在恒大汽车中大致形成了。在 2020 年于广州举办的新能源汽车战略合作伙伴会议上，博世、麦格纳、大陆、采埃孚、蒂森克虏伯、捷太格特、巴斯夫等全球 60 家知名汽车零部件企业更是与恒大现场签约。

2020 年 8 月，在恒大健康直接更名为恒大汽车后，恒大的新能源汽车项目更是步入发展的快车道。按照恒大汽车的计划，恒大新能源车的产量将达到年产 100 万辆，并用 3～5 年的时间成为全世界最大、实力最强的新能源汽车集团。恒大对恒大新能源汽车投资预算为三年 450 亿元，其中

2019年投入200亿元，2020年投入150亿元，2021年投入100亿元，并在中国、瑞典等国家布局十大生产基地，同步研发15款新车型。我们看到，此次向6家战略投资者定增募投看起来只是上述实施计划的一部分。

值得读者注意的是，互联网时代的来临一方面降低了产业转型和升级的门槛，另一方面则使得只有少数积累了雄厚资本和良好声誉的头部企业具备借助互联网实现产业快速转型和升级的可能性。在上述意义上，互联网时代对于很多中小企业而言，产业转型升级的成本不是降低了，而是提高了。不同于简单的数字化改造，互联网时代的产业转型和升级需要在更大范围内实现专业化分工和资源配置。调动潜在资源的能力成为实现上述产业快速转型和升级的瓶颈，而这事实上并不是所有企业都具备上述条件和实施实力的。

互联网时代产业转型和升级所蕴含的两种充满内在矛盾的发展逻辑一定程度上决定了互联网时代的产业转型和升级比以往承担更大的风险。我们也许可以把包括恒大汽车在内的快速产业转型升级轨迹总结为：互联网思维整合资源专业化分工——买买买的烧钱战略——借助资本市场引入战略投资者——产业转型升级的风险扩大——产业转型升级的脆弱性。而完成新一轮权益融资的恒大汽车也许正处于产业转型升级的风险扩大阶段。

概括而言，互联网时代产业快速转型升级的风险扩大将集中体现在以下三个方面。首先，资本市场的双刃剑效应将加剧对互联网时代产业快速转型升级本身的风险，进而导致产业转型升级的脆弱性。包括新能源汽车在内的新经济产业由于风险高，企业在外部融资策略选择上，不得不倚重预算约束相对软化的权益融资。借助在资本市场上市定增募投，企业能够快速实现权益融资，这是资本市场对于新经济企业转型升级有利的方面。而不利的方面在于，新经济企业往往估值高，股价波动大，受到资本市场游资的追捧。在资本市场投资趋利动机下，新经济企业的市值想低估都难。这事实上是在互联网时代资本市场更容易出现资产泡沫的内在原因之一。这使得与传统企业相比，新经济企业的股价波动幅度更大，所面临的投资风险无疑加大。这不得不说是新经济企业利用资本市场进行外部权益融资所付出的代价之一。因而在互联网时代资本市场对新经济企业发展而言是一把双刃剑。

新经济企业的投资风险加大还体现在，面对短期巨大市场估值的诱惑，一些新经济企业创业团队急于套现，难以持之以恒。这在一定程度上意味着在互联网时代，不是这些创业团队喜欢发行 AB 股，实行同股不同权，而是资本市场内在需求和希望通过选择伴随日落条款的同股不同权架构，使创业团队存在退出壁垒，保持稳定。

其次，互联网时代的产业转型升级的成败对于所关联的传统产业成败具有更为直接的冲击效应。我们注意到，恒大汽车在较短的时间内能够聚集整合资源是依赖于在地产业多年经营取得的良好声誉和储备的充足资源。尽管恒大汽车转型和升级看起来似乎是在两个无关或关系不大的产业之间展开的，但在互联网时代，由于上述作用途径的存在，新产业与传统产业二者风险的关联度不是下降了，而是变得更加紧密，往往“一损俱损，一荣俱荣”。一个典型的例子来自同样选择造车的法拉第未来，尽管近期由于吉利和珠海国资的注资法拉第未来即将开启新一轮的发展，法拉第未来发展进程中所遭受的挫折没有止步于法拉第未来，而是进一步殃及乐视这一无辜池鱼。

最后，互联网时代的产业转型升级使得选择投入资金支持的战略投资者所承担的风险同样增加了。2020 年底，6 家实力战略投资者通过定增投资入股，用实际行动为恒大汽车的产业转型升级背书，特别是 6 家战略投资者自愿做出了投资锁定 12 个月的承诺。这一行为无疑向资本市场传递了积极的信号，是恒大汽车新一轮市值高企的基础。

需要提醒读者注意的是，虽然恒大汽车的市值高企，但恒大汽车的主要股东在投资锁定的承诺下，并不能通过减持从中受益，而恒大汽车也只能获得定增募投的资金，同样也无法从股价的高企中直接受益。尽管恒大汽车的控股股东中国恒大并没有做出类似的承诺，但其未来的减持行为将与这一轮定增引入的战略投资者的相关行为一样，成为资本市场未来观察恒大汽车股价变化的重要指示器。而一年锁定期结束的时间节点同样将成为恒大汽车未来股价变化的观察窗口。

概括而言，互联网时代使得产业转型升级具有两面性。一方面它降低了产业转型升级的门槛，能够借助互联网在更大范围内以更快的速度实现传统产业难以企及的产业转型升级；另一方面，它又提高了实施产业转型升级的门槛，使得只有那些前期进行资本和声誉良好积累的少数头部企业具有产业快速转型升级的可能性，同时也使得这些从事产业转型升级的企业本身、背后的实控人和关联投资方承担更大的风险。而在互联网时代产业转型升级不得不借助的资本市场则成为一把犀利的双刃剑，一方面它满足了产业转型升级的资金快速增加的需求，另一方面则显著增加了各方承担的风险，使产业升级转型总体风险成本急剧增加。

19

海航：混改后为什么依然难逃破产的命运？

作为一家最初致力于解决海南航空运输问题的地方国企，成立于1989年9月的海航前身海南省航空公司完成了国企改制的几乎所有尝试。那么，混改后的海航为什么依然难逃破产的命运？折戟的海航给正在推进的国企混改又将带来哪些有益的启发呢？

作为一家最初致力于解决海南航空运输问题的地方国企，成立于1989年9月的海航前身海南省航空公司完成了国企改制的几乎所有尝试。海航曾引入乔治·索罗斯股权投资，进行今天很多国企正在推进的混改。作为业务主体的海南航空股份有限公司于1997年发行B股，于1999年发行A股上市。资本在全社会范围内社会化的公开上市被认为是混改的终极实现方式。那么，混改后的海航为什么依然难逃破产的命运？折戟的海航给正在推进的国企混改又将带来哪些有益的启发呢？

第一，在国企混改过程中，无论是工会还是基金会，这些“虚化主体”的控股，都无法代替民资背景战略投资者的参股，形成制衡的股权结构，阻止海航内部人控制下的盲目扩张。

在2000年1月正式成立后，海航通过并购快速从单一的地方航空运输企业向混业经营的跨国企业集团迈进。2003年前海航围绕国内航空公司、机场及境外飞机租赁公司等航空主业开展并购，2003年后则开始进军与主业相关联，甚至关联不大的行业。2009—2011年，在短短的两年内，通过并购，海航旗下公司由200家迅速增至近600家，涉及航空、物流、资本、实业、旅业等领域。2015—2017年，海航系的并购浪潮更是达到了巅峰，一举入股希尔顿酒店、德意志银行、纽约和伦敦的摩天大楼、香港的“地王”等。2017年，海航以1.2万亿元总资产进阶世界500强公司。据接管海航的联合工作组顾刚描述，海航股权关系树状图共三张，每张近3米，总长9米，可谓海航版的“清明上河图”。

伴随着通过并购实现的对外扩张，海航的股权结构也经历了三个阶段的变化。在2005年之前，海航是由海南国资委及其全资控股的海南金城作为最终控制人的国企。海航的第一大股东海南交管（70%）和第二大股东广州交建（30%）同时受三亚凤凰机场控股，而海南国资委的全资子公司海南金城控股的机场股份成为三亚凤凰机场的控股股东。

2005年3月，海航工会控股的盛唐发展（洋浦）收购了三亚凤凰机场持有的海南交管50%股权后，海航进入工会控股阶段。在海航工会于2013年10月向海南省慈航公益基金会捐赠其持有的洋浦盛唐65%股权前，海航工会作为盛唐发展（洋浦）的控股股东成为海航的实际控制人。

按照海航于2017年7月公开披露的信息，海航由Cihang Charity Foundation Inc.（29.50%）、海南省慈航公益基金会（22.75%）、12名自然人（47.50%）以及海南航空控股股份有限公司（0.25%）拥有。其中，12名自然人均为海航创始人、高管、董事，其中董事局主席陈峰、董事长王健分别持股14.98%，为最大自然人股东。所有股东承诺，在他们离职或离世时把通过股权激励制度获得的股权捐赠给基金会，其中，约60%股权捐赠给境内的海南省慈航公益基金会，约40%的股权捐赠给境外的Cihang Charity Foundation Inc.。海航从2015年开始逐步从工会控股阶段过渡为现在的基金会控股阶段。

无论是改制前的国资，还是后来作为过渡的工会，进而到现在的基金会，海航的控股股东始终是虚化的主体，而非盈利动机明确强烈同时有能力和责任承担经营风险的民资背景的个人战略投资者。上述虚化的控股股东显然无法形成制衡的股权结构，不可避免地导致少数高管对集团经营管理事务的实际操纵，形成内部人控制格局。由于缺乏制衡的公司治理制度安排和潜在的自动纠错机制，当这些影响海航最终决策的内部人能够保持理性自觉时，海航是能够步入平稳发展的轨道，甚至得以快速发展的。而一旦这些内部人失去基本理智和正确判断，便没有人能够阻止海航向破产边缘一路飞奔。而基金会持股，甚至工会持股事实上在一定程度上成为少数高管瞒天过海，实现内部人控制的潜在手段。

第二，转制过程中非透明的暗箱操作和在政府若隐若现的扶助之手支持下，获得海航实控地位的少数内部人由于得到的太容易，并没有清晰的成本概念，面对外部资本市场的诱惑，将不可避免地产生盲目扩张的冲动。

2004 年 2 月，原由海南国资委控制的三亚凤凰机场被司法拍卖，海航获得其 67%股权从而掌控三亚凤凰机场。面对 2008 年金融危机的冲击，当地政府曾多次向海航及其旗下公司提供政策优惠和资金支持。2009 年 3 月，海南省财政厅批复给予海航及旗下 4 家企业 8 亿元新增贷款全额贴息政策。据当时媒体报道，在这一政策下，海航旗下公司将以几乎等同于零利率的价格获得贷款。除此贴息贷款政策扶持外，为抵御金融危机带来的负面影响，海南省政府还为海航提供了地方发债、减少税收等优惠政策。2010 年 2 月，海航旗下重要上市公司海南航空（600221，现简称海航控股）发布公告称，公司将向海南省发展控股有限公司（海南省国资委全资公司）和海航非公开发行 A 股股票募集资金 30 亿元，以解决 2008 年金融危机以来海南航空资本金不足和资产负债率过高的问题，而其中 20.47 亿元将被用于偿还银行贷款。通过非公开发行股票，海航系获得来自海南省政府 15 亿元的资金支持。

第三，金字塔控股结构所具有的外部性使海航具备了通过关联交易和资金占用掏空旗下上市公司和系族其他企业的可能性，进一步助长了海航少数内部人盲目扩张的动机和行为。在海航通过并购建立的庞大资本系族中，由于在其旗下子公司、孙公司投入的能够承担投资失败风险责任的现金流权有限，远远低于通过金字塔控股链条形成的对经营决策实际影响力的控制权，从而形成了责任承担能力与分配收益不对称的负外部性，使得海航不仅有动机，而且有能力以关联交易，甚至直接的资金占用从旗下上市公司和其他企业转移资源。从 2021 年海航申请破产重整时披露的信息来看，3 家上市公司为大股东及其关联公司获取关联性的贷款和融资超过千亿元。海航由此成为金字塔控股结构的外部性纵容实际控制人进行资本炒作和隧道挖掘的又一典型例证。

海航在上述治理结构下，一方面是缺乏制衡、为所欲为的内部人控制，另一方面则是政府或明或暗的扶助之手和金字塔控股结构外部性所暂时掩盖起来的看似低廉的盲目扩张成本。而金字塔控股结构下违规担保提供等行为的实现显然离不开内部人控制格局的形成和政府扶助之手的隐性背书担保，三者相辅相成、相互加强。例如，海航控股为其关联公司以拆借资金、履约代偿、为关联方提供担保等原因占用的资金总额超过 95 亿元，自身贷款资金被关联方实际使用总金额超过 178 亿元。而在海航控股为关联公司提供的超过 80 笔担保款项是股东及关联方在未经公司董事会、股东大会审议同意的情况下，擅自以公司的名义提供的担保。因而，今天海航走向破产的局面一定程度上是控股股东为虚化主体下的内部人控制、金字塔控股结构的外部性和政府隐性的扶助之手的纵容三种因素共同作用导致的。

并购本是企业进行战略扩张、发挥协同效应，从而完成业务发展的资本运作方式，但由于上述因素的存在，海航系的并购重组操作草率、忽视整合、忽视管理。这集中体现在，对于几十亿美元投资的项目，常常尽调时间不超过一个月，不重视并购过程中对对方公司的了解，草率并购。其二，各业务板块及旗下企业，为了并购而并购，各自为政，没有发挥协同效应。其三，对新组建公司管理层进行长期的监控和引导的资产管理几乎没有，对资产缺乏主动管理干预，投资风险逐渐累积。

总结海航的混改之路，我们看到，混改的海航把国企与民企身上两种不良基因意外地组合在一起。对于“花别人的钱办别人的事”的国企而言，一个不良的基因是预算约束动辄软化。由于早期不够透明的改制操作和政府扶助之手长期或明或暗的扶植，海航调动资源的能力十分强大，得到的太容易，并不像那些真正投入真金白银，出资承担责任和风险的私有企业一样强调效率和成本。而对于那些盈亏自负的民企而言，创始人听不到不同的声音，独断专行的一言堂，往往使得民企具有任性蛮干的不良基因。混改后的海航一方面通过政府或明或暗扶助之手的资源倾斜和金字塔控股结构的负外部性，继承了国有企业预算约束软化的基因；另一方面，在工会、基金会等控股股东主体虚化下形成的内部人控制逐步在海航身上培植了民企任性蛮干的基因。于是，混改的海航把国企预算软约束基因和民企任性蛮干基因这两种不良基因组合在一起。与完全民企基因的企业相比，预算约束软化下不计成本（国企的基因）而任性蛮干（民企的基因）的看似完成混改的海航不可避免地在盲目并购扩张的路上狂奔，一发不可收。

如果从企业的平均寿命而言，尽管民企先天具有任性蛮干基因，但由于风险由民企自己承担，敢于冒险甚至成为企业家精神的基本特质，因而民企总能生生不息；而国企尽管存在预算约束软化基因，但由于国企多目标任务冲突（有时甚至会监督过度，挫伤国企高管努力进取的积极性和主动性），会在一定程度上抑制高管类似于民企的任性蛮干，因而国企的寿命通常也会持续较长的时间。而一些国企如果在混改过程中不能有效避免上述国企和民企两种不良基因的结合，反而可能像海航一样成为众多企业类型中寿命最短的类型之一。乃至于一些基于海航经历的观察者，对于国企混改陷入海航式困境不无担心：海航当初不改制，“死路一条”；而类似于海航的国企改制，却是“一条死路”。

通过对海航混改案例的教训总结，我们看到，国企混改走出海航式困境的关键是通过引入民资背景的战略投资者，形成制衡的股权结构。具体而言，折戟的海航给正在推进的国企混改带来以下启发。其一，避免用基金会甚至工会等虚化实体的控股代替民资背景的战略投资者与国资相互参股而形成制衡的股权结构，由此建立自动纠错机制，防范内部人控制；其二，通过公开透明的改制程序使混改参与各方依据市场化原则，自觉自愿参与，彼此激励相容，避免集中改制和暗箱操作使混改后的国企承袭国企的预算软约束基因。而不透明的改制、腐败俘获权力将成为诱发混改后的国企预算软约束基因的重要制度温床。因而，国企混改不仅仅是一个资源重新分配的经济问题，而且是一个如何保护参与各方权益的法律问题，同时是一个营造平等公平竞争环境的政治问题。

后记

/

独角兽其实就是一只普通的羚羊

尽管没有多少人真正见过，但独角兽自有文字记载以来就一直笼罩在神秘色彩中。

这种传说中栖息在西非的动物，虽然没有被赴西非旅行的旅行家发现，但据来自法国的清末传教士兼旅行家古伯察说，英国常住尼泊尔的外交代表罗德逊在 19 世纪早期从中国藏南“最终得到了一头独角兽”，从而看似无可争议地确认了独角兽的存在。但罗德逊的发现显然让大部分读者失望了，这种动物除了额头正中长有一只黑色的角外，外表如同其他所有羚羊。罗德逊的鉴定工作如此卓有成效，以至于有人建议以一个系统分类学的名词“罗德逊羚羊”来称呼独角兽。

在古伯察的著名游记中，对罗德逊上述“科学”鉴定坚信不疑的他进一步描述了他在旅行中听说的独角兽，“极其胆怯，不允许任何人接近，稍有声响便会逃走”，“像所有生活在喜马拉雅山以北的动物一样，独角兽的毛为空心的”，“人们用其新长出来的角制造独角兽弓弩”。然而，同样来自法国的传教士包世杰在 20 世纪 20 年代该书再版时所增加的附录中表示并不认同古伯察的上述说法。与罗德逊和古伯察的看法相反，包世杰认为，那些自认为看到和听说独角兽的人（包括古伯察）“很可能是将从遥远的地方望到和仅从侧面看到的羚羊当作独角兽了”，“大家还在埃及的古建筑上看到了从侧面画的大羚羊形象，以至于仅有一只角能被明显看到”。

换句话说，独角兽只是来自对两角动物司空见惯的人们有一天对一个额头正中长有一只黑色角的动物会是什么样子的突发奇想。

毫无疑问，直至今天，独角兽是否在人类社会存在仍然是最充满争议的话题之一。一部分人会像曾经到中国旅行的法籍奥尔良王子那样稍显悲观地认为，大家可以假设认为羚羊角可能长得很畸形，从而产生了独角兽的传说；另一部分人则会如同罗德逊和古伯察一样更加乐观地认为独角兽在现实生活中存在，即使按照罗德逊的考证，除了额头正中长有一根黑色的角外，独角兽外表如同其他所有羚羊（只是一只“罗德逊羚羊”而已）。

考证独角兽是否存在这一自然科学问题显然并非我这样一个从事经济学和金融学教学与研究的学者所能完成的使命，当然也不是本文的写作目的。我之所以旁征博引纵论独角兽是希望通过回顾人类对独角兽的认知过程，来探究我们今天究竟应该怎样认识在很多资本市场上炙手可热的独角兽企业。

所谓的独角兽企业，通常指成立不超过10年、接受过私募投资、估值超过10亿美元、发展速度快且数量少的初创型企业。这一概念是由种子轮基金Cowboy Venture的创始人Aileen Lee提出的。估值超过100亿美元的企业甚至被称为超级独角兽。容易理解，独角兽企业对于资本市场，就如同独角兽对于对两角动物司空见惯的人类一样，从出现之日起，就因极大地满足了人类财富快速增长的好奇心和想象力，而迅速成为投资者追捧的对象。

那么，今天资本市场的投资者究竟应该如何认识这些炙手可热的独角兽企业呢？如前所述，也许我们可以从人类对独角兽的认知过程得到一些积极的思考和有益的启发。

第一，独角兽企业如同所有渴望IPO的企业一样，只是借助资本市场实现外部融资和价值实现的企业而已，只不过在较短的时间内实现了较高的估值。这就如同独角兽这只看起来“具有神奇力量和可怕野性的厚皮动物”，甚至能够成功阻止蒙古大军入侵的神兽，其实只是一只“罗德逊羚羊”，甚至是一只长了畸形羊角的普通羚羊。

由于一些拟上市企业和资本市场投资者对独角兽企业的不切实际的预期和中介机构的顺势炒作，独角兽企业的估值普遍高于普通企业。我们以赴港 IPO 的小米估值为例。从 2018 年初 1 000 亿美元的上限开始，小米估值一路走低。2018 年 6 月 19 日 CDR 发行推迟后，小米估值已下调至 550 亿～700 亿美元之间，甚至低于雷军此前 750 亿美元的心理预期。从1 000 亿～900 亿美元，到 800 亿美元，再到 550 亿美元，短短 6 个月的时间，缩水三次。上述事实在一定程度上反映了独角兽企业神秘光环消退后，投资者对独角兽其实就是一只普通的羚羊的认识的回归。毕竟，传说中的独角兽其实也只是一只“罗德逊羚羊”，甚至是一只长了畸形羊角的普通羚羊而已。

第二，无论拟上市企业、投资者还是监管当局，应该从独角兽企业各种美丽的传说中回归到其创造价值的本质来。这就如同独角兽除了满足人类的好奇心外，其更根本的实用价值在于，“新长出来的角”可以用来“制造独角兽弓弩”等。抛开独角兽企业价值创造的实用性，任何不切实际和虚幻的好奇心想象力仅仅能满足一时，而无法满足一世。

第三，既然我们认识到独角兽其实就是一只普通的羚羊，那对待独角兽显然不应该像对待神兽一样顶礼膜拜，而应该像对待其他普通羚羊一样一视同仁。毕竟，独角兽也像其他羚羊一样，“极其胆怯，不允许任何人接近，稍有声响便会逃走”，“像所有生活在喜马拉雅山以北的动物一样，独角兽的毛为空心的”。

在全球资本市场纷纷出台相关政策吸引独角兽企业的背景下，港交所公布了《新兴及创新产业公司上市制度咨询文件》，以吸引独角兽企业赴港上市。为提高内地资本市场在上述资本市场竞争潮流中的竞争力，出于绕开独角兽企业回归 A 股需要涉及短期内无法一蹴而就的《公司法》修改等基础性上市制度变革的目的，内地监管当局发布了《关于开展创新企业境内发行股票或存托凭证试点的若干意见》，鼓励在境外上市的独角兽企业同时在内地资本市场发行被称为 CDR 的中国托管凭证。而所谓的 CDR，从本质上看只是介于没有投票权的普通股与未承诺回报率的债券发行之间的一种金融工具。监管当局甚至进一步为看起来性质不够明朗的独角兽企业 IPO 和功能上模棱两可的 CDR 发行审批开辟绿色通道。

鉴于股市的低迷和波动，监管当局适时地推迟了独角兽企业在内地同时发行 CDR 的申请。上述举措被一些市场观察者评价为对于监管当局还是独角兽企业都是明智选择。我们认为，上述好评的做出事实上来自对独角兽企业性质认识后自然形成的逻辑推论：如果独角兽被反复证明其实就是一只普通的羚羊，那么对待独角兽就不应该像对待神兽一样顶礼膜拜，而应该像对待其他普通羚羊一样一视同仁。

第四，对于独角兽企业我们不应该仅仅停留在“从遥远的地方望到”“从侧面看到”，甚至停留在或者宗教或者世俗各种美丽的传说中，而是应该像罗德逊一样尝试靠近它，然后进行科学系统分类，以确定其是否只是“罗德逊羚羊”。而这一十分重要的工作显然不能交给迫于全球资本市场竞争压力、急于展示政绩的监管当局，而是应该交给资本市场中的“罗德逊们”去进行识别，当然不同的罗德逊可能得到的结论并不相同。

从目前已经完成赴港上市的独角兽企业美团、众安在线、雷蛇、易鑫、阅文、平安好医生等来看，无一例外地在 IPO 后遭遇股价跌回，甚至跌破发行价的局面。独角兽企业在很多投资者的心目中逐步从之前资本市场的宠儿如今蜕变成烫手山芋。虽然从目前状况来看，港交所吸引独角兽企业上市的举措看起来与最初的预想存在差距，但相关举措的推出不失为促进资本市场提供多样化上市服务的有益尝试，有助于投资者基于透明的市场规则和公正的上市程序重新认识独角兽企业的本质属性，发现其价值所在。这里我们也十分认同港交所行政总裁李小加的相关讨论，一个负责任的公平公正的交易所只需要保证企业上市程序的合规和透明，至于价值判断则应该交给投资者自己来完成。

我们同时也相信，如果监管当局未来通过基础性上市制度变革来公平公正吸引真的独角兽企业回归 A 股，则同样会受到内地资本市场的欢迎，尤其是在股市低迷的状态下。这些基础性上市制度包括但不限于：是否允许拟上市企业发行 AB 双重股权结构股票，是否允许拟上市企业存在 VIE 架构，降低盈利门槛以及消除外资持股比例限制等。这些举措的推出将会让内地资本市场的投资者能够近距离地观察这些传说中的“神兽”的一举一动，并由他们自己来判断，独角兽是不是只是一只普通的羚羊。

图书在版编目（CIP）数据

驾驭独角兽：新经济企业的公司治理 / 郑志刚著. -- 北京：中国人民大学出版社，2021.5

ISBN 978-7-300-29237-3

Ⅰ.①驾… Ⅱ.①郑… Ⅲ.①公司－企业管理 Ⅳ.①F276.6

中国版本图书馆 CIP 数据核字（2021）第 060824 号

驾驭独角兽

——新经济企业的公司治理

郑志刚 著

Jiayu Dujiaoshou——Xinjingji Qiye de Gongsi Zhili

出版发行	中国人民大学出版社		
社　　址	北京中关村大街 31 号	**邮政编码**	100080
电　　话	010－62511242（总编室）		010－62511770（质管部）
	010－82501766（邮购部）		010－62514148（门市部）
	010－62515195（发行公司）		010－62515275（盗版举报）
网　　址	http://www.crup.com.cn		
经　　销	新华书店		
印　　刷	北京宏伟双华印刷有限公司		
规　　格	170 mm×230 mm　16 开本	**版　　次**	2021 年 5 月第 1 版
印　　张	15.25 插页 2	**印　　次**	2021 年 5 月第 1 次印刷
字　　数	187 000	**定　　价**	69.00 元